Magali Marmota

Adicta al

Rafting

Muddy Frank

Magali Marmota Adicta al Rafting
ISBN: 978-2-494748-00-2
Texto e ilustraciones de Muddy Frank
Ilustración de portada: Nanimufasiroh

"Es algo divertido

hacer lo imposible."

— *Walt Disney*

Quiero agradecer a mis queridas amigas de Santa Marta de Los Barros en Extramadura, por su ayuda con este libro. ¡Mil gracias!

Muddy

Mishka
Magali
F-F-Foxy
Enrique La Liebre
Zorrito
Puppy Bébé
Rebeco Luc
Médico Edmundo El Águila

CONTENTS

Capítulo 1
El Swooshy Wooshy

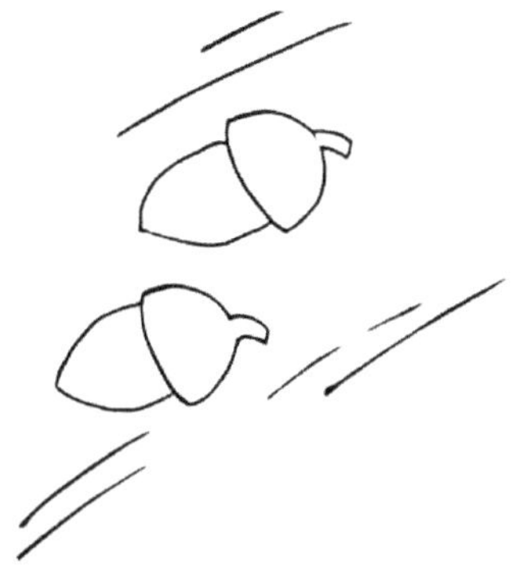

Mishka batió sus brazos como un pájaro, lo cual es difícil cuando eres un conejo.

—¡Te voy a matar! —gritó cayendo por los aires.

—¡Cuidado! —gritó la marmota. También cayó entre las ramas ásperas de los árboles—. ¡Ayyyy! ¡Ay! ¡Oooh! ¡Ay! —Siguió cayendo—. ¡Noooooooooooooo!

¡Plaf! La marmota aterrizó.

El conejo aterrizó al lado. *¡Pum!* Su cara se aplastó contra el suelo.

Magali se levantó y se limpió su cuerpo de tierra y ramas. Ayudó a Mishka a levantarse, tirándole de la cola.

—¿Estás bien?

Los ojos azules del conejo parpadearon cinco veces.

—¿Tú qué crees? —Señaló la montaña—. Deberíamos haber dado un paseo por la montaña, no bajarla volando, ¿vale? ¿Por qué me llevaste hasta el borde?

—¡Me equivoqué de camino!

—Suerte que no se me rompieron las gafas.

El acento de Mishka era más fuerte de lo normal. Nació en Holanda. Cuando murió su Abuelo Klaas, su madre dijo: «Nos mudamos a Francia». Ahora, cada vez que Mishka se asustaba o se enfadaba, su acento holandés se volvía más fuerte.

El joven conejo se ajustó las gafas y soltó un suspiro. Habían aterrizado en un precipicio. Dio tres pasos gigantes hacia atrás y se volvió hacia Magali. Suspiró de nuevo:

—¡Aaaaaaaah!

—¿Qué? —dijo ella.

—¡Tú!

—¿Yo?

—¡Tu cabeza!

Las cabezas planas de las marmotas eran extrañas, al igual que sus pequeñas orejas y sus cuerpos gordos y peludos.

Magali se llevó la pata a la cabeza.

—¿Qué?

Mishka se adelantó para arreglarle el pelaje de la marmota.

—Se te ha erizado el pelaje. Pareces una loca. Una especie de lunática, electrocutada, supermega loquita.

¡Ping! ¡Ping! ¡Ping! ¡Ping! ¡Ping!

Las nueces llegaron volando.

El conejito se tocó la nuca donde le habían golpeado.

¡Ping! ¡Ping! ¡Ping! ¡Ping! ¡Ping! Llegaron rápido y con fuerza.

Magali giró tratando de esquivar las nueces.

—¡Ay!

Llegaron más y más rápido, como si alguien estuviera disparando con una ametralladora de nueces.

¡Ping! ¡Ping! ¡Ping! ¡Ping! ¡Ping!

—¡Ja, ja, ja! ¡Jeeeeeee jeee jeee! —Enrique La Liebre salió de los árboles—. ¡Eh, los perdedores! ¿Qué pasa?

La pequeña marmota miró el flaco cuerpo de la liebre y sonrió. Parecía aún más delgado que la última vez que lo había visto.

—No nos has visto, ¿verdad? —rio F-F-Foxy, el siguiente en salir de entre los árboles.

—¡Te hemos pillado! —Zorrito siguió a su hermano fuera de la vegetación. Les lanzó una última nuez.

¡Ping!

—*¡Guau-guau! ¡Guau-guau!*

Puppy Bébé fue el último en salir de los árboles. Su enorme y acolchado cuerpo de San Bernardo rebotaba mientras corría, y estaba tan emocionado que no paró. Chocó contra los pequeños animales, derribándolos del precipicio de la montaña.

—¡Ohhhhhh!

Brazos y piernas se agitaron mientras los amigos volaban por los aires.

—¡Ohhhhhh!

Mishka volvió a aletear como un pájaro.

—¡Ohhhhhhh!

La marmota, el conejo, la liebre, los dos zorros y el cachorro cayeron a través de los árboles, luego el aire, luego más árboles, luego más aire y luego más árboles.

—¡Ohhhhhhh!

Cayeron, y de repente, F-F-Foxy miró a su hermano en el aire y Zorrito le hizo el signo del pulgar hacia arriba.

¡Zas! Puppy Bébé cayó al suelo primero.

¡Pum! Magali fue la siguiente en aterrizar.

¡Zas! ¡Pum! ¡Zas! ¡Pum! F-F-Foxy, Zorrito, Enrique La Liebre y Mishka se aterrizaron.

La marmota se dio la vuelta.

¡Ayyyyyyy! ¡Mi trasero! ¡Aterrizó en él!

—Suerte que es grande —dijo Mishka, frotándose la cabeza y buscando sus gafas por el suelo.

—¡Vaya! —gritó Enrique La Liebre, frotándose el hombro. Se quedó mirando a Puppy Bébé—. Colega, ¿querías matarnos?

Una mancha roja recorrió el cuello blanco y peludo del San Bernardo hasta su cabeza.

La liebre se acercó.

—¡A ver! ¿En qué estabas pensando?

Con la cabeza agachada, Puppy Bébé burbujeó:

—No me paré a tiempo.

El cachorro tenía una 'voz burbuja'. Cuando hablaba, sonaba como burbujas. Sonaba como si hubiera dicho: «No me bleblé bla bliempo».

—¿No te paraste a tiempo? ¡No me digas! —dijo F-F-Foxy verificando que sus piernas no estaban rotas.

Zorrito sacudió su cuerpo. Sacudo, sacudo, sacudo. Su pelaje volaba de izquierda a derecha, de izquierda a derecha, de izquierda a derecha. Luego, sonrió. Sus colmillos puntiagudos asomaron. Chocó los cinco con Puppy Bébé y dijo:

—Muchacho, ¡qué guay! Nunca, nunca, nunca, nunca, nunca, nunca, nuuuuuunca había hecho una caída libre así. ¡Genial!

Todos se quedaron mirando al joven zorro.

Zorrito les devolvió la mirada.

—¿Qué? ¡Nadie murió!

Magali se quedó mirando los puntiagudos colmillos amarillos del zorro. El sudor empezó a correr por la frente de la marmota. Mishka también empezó a sudar.

—Tranquila —dijo Enrique La Liebre al ver la cara de Magali—. No te va a comer.

Zorrito miró hacia el sol.

—Técnicamente, aún es de día, así que podríamos comerte.

F-F-Foxy golpeó la cabeza de su hermano. *¡Pum!*

De pronto, las orejas de los animales se levantaron. Se quedaron inmóviles, mirando a derecha e izquierda.

Una voz de una Persona Grande exclamó:

—¡Yupi! ¡Agarraos fuerte por delante!

Los animales miraron a través de los árboles.

Un otro sonido llegó.

Sshhhhhhhwiiiiiiiiiiiiiiiissssshhhhhssshhhhh.
(es el sonido del agua rápida del río)

Las orejas de los animales se alzaron aún más.

Volvieron a oír la voz de la Persona Grande.

—¡Agarraos todos! ¡Remad a la izquierda! ¡Más fuerte!

Enrique La Liebre avanzó de puntillas con cuidado de no pisar ninguna hormiga o gusano. Hizo señas a sus amigos para que le siguieran.

El grupo fue sigilosamente por el bosque hasta que llegaron a la orilla de un río. Se escondieron entre los árboles. A pocos metros, el agua azul y blanca se agitaba río abajo.

Mishka parpadeó.

—¡Guauuuu!

Magali observó a las Personas Grandes en un barquito rojo que se balanceaba arriba y abajo.

—¿Qué hacen? —susurró la marmota.

La liebre susurró:

—Están jugando. Es una especie de juego.

—Me encantan los juegos —burbujeó Puppy Bébé.

—¡Qué guay! —susurró F-F-Foxy.

La voz de la Persona Grande gritó:

—¡Agarraos todos!

—¡Mirad! —susurró la marmota señalando el río más arriba—. Ellos también están jugando.

Un segundo grupo de Personas Grandes se acercó en un barco azul.

—Llevan cascos de snowboard —susurró Zorrito.

—Sí —murmuró F-F-Foxy—. Y mira qué bastones más graciosos.

Los Personas Grandes se rieron cuando la espuma blanca del río se levantó y les salpicó a la cara.

—¡Qué divertido! —susurró Zorrito.

—¡Sí! —dijo F-F-Foxy.

Enrique La Liebre señaló el camino del río. Dijo:

—¡Les seguiremos! Pero nos quedaremos entre los árboles. ¡Vamos! Se están alejando. Y no piséis ninguna hormiga. Trae mala suerte.

Magali pisó una hormiga y tropezó contra una raíz de árbol vieja y nudosa. *¡Plaf!* Cayó al suelo.

F-F-Foxy cayó encima de ella. *¡Crash!*

Zorrito cayó encima de él. *¡Clonc!*

Mishka cayó encima de todos. *¡Paf!*

Puppy Bébé consiguió pararse justo a tiempo.

La marmota gordita se retorció debajo de sus amigos.

—Estoy bien —dijo intentando respirar.

—¡Deprisa! Se están alejando —dijo la liebre.

Los curiosos amigos corrían entre los árboles, siguiendo los barcos.

Cuanto más se alejaban los barcos río abajo, más se rieron y se animaron las Personas Grandes. Cada vez que su barco se sumergía, utilizaban sus palos divertidos para guiarlos a través del río.

El agua se precipitó, se revolvió y serpenteó donde quiso y se calmó donde quiso. Luego se precipitó, se revolvió y volvió a serpentear. Las Personas Grandes se rieron mientras subían y bajaban en el agua, y cada vez que el río les empujaba más deprisa hacia una bajada gritaban: «¡Ohhhhhhhhhhhh!».

Los animales los siguieron a lo largo del río hasta que su camino quedó bloqueado por una roca alta y gruesa. Se detuvieron y los barcos rojos y azules flotaron río abajo hasta desaparecer de su vista.

—Tenemos que hacer eso —dijo Enrique La Liebre.

—Absolutamente —dijo F-F-Foxy.

—Estoy de acuerdo —dijo Zorrito.

—Hermano, me apunto —burbujeó Puppy Bébé.

A Mishka le brillaron los ojos. Asintió con la cabeza y miró a Magali.

Magali miró el agua que corría a toda velocidad y se mordió el labio inferior.

—Sabes, soy una marmota. No creo que…

—Entonces, nos vemos mañana —dijo Enrique La Liebre.

Los animales levantaron las patas y chocaron los cinco.

Magali miró hacia la montaña, donde estaba su madriguera, mucho más arriba.

—Tardaremos una eternidad en volver.

Enrique La Liebre sonrió.

—Silbadora, por favor.

Hizo un gesto para que Puppy Bébé se acercara.

El cachorro miró a la liebre con sus ojos marrones.

La liebre le hizo señas para que se acercara.

—Vamos, colega. Tú nos has traído hasta aquí. Entonces a ti te toca llevarnos de vuelta.

—No me parece justo —burbujeó Puppy Bébé.

F-F-Foxy, Zorrito y la liebre se montaron en la espalda del cachorro. Mishka y Magali saltaron también, pero Magali apenas cabía. Se agarró con fuerza a la cola del perrito para no caerse.

El cachorro empezó a subir la pendiente por entre los árboles.

La liebre dijo:

—Colega, si tú no nos hubieras empujado por el precipicio de la montaña, no habríamos tenido que volver a subir. Es justo que nos lleves de vuelta. Es tu obligación.

—Sí —dijo F-F-Foxy.

—Macho —dijo Zorrito acariciando el cuello del cachorro— ¡si no nos hubieras empujado, no habríamos descubierto un nuevo deporte!

A Puppy Bébé se le iluminaron los ojos y continuó más arriba.

Cuando llegaron a la cima, el cachorro dio un salto tan fuerte que Enrique La Liebre, F-F-Foxy, Zorrito, Mishka y Magali salieron volando por encima de su cabeza y por los aires.

—¡Guauuuuu!

Brazos y piernas volaron. Mishka aleteó. Aterrizaron en la montaña verde, uno tras otro. *¡Plaf! ¡Zas! ¡Crash! ¡Cataplam! ¡Pumba!*

El cachorro se detuvo junto a sus amigos

tumbados entre flores azules en la montaña.

—Ay. Lo siento.

Se levantaron y se quitaron los insectos y la tierra de las patas y el pelaje. Miraron al cachorro.

—¡Vamos a ver, tío!

—¡Por favor!

—Amigo, ¿tenías que lanzarnos?

—Pero, ¿nos queréis matar?

Enrique La Liebre se sacudió la tierra del cuerpo y se puso a bailar y a cantar:

—*¡El perrito Peligroso! ¡El perrito Peligroso! ¡Nos quiere matar!* —Riendo, la liebre miró a sus amigos—. ¿Quedamos para mañana? Tenemos que encontrar cómo jugar en el río.

—Cierto —asintió F-F-Foxy.

Zorrito dio un puñetazo al aire.

—¡Sí!

—De acuerdo —burbujeó Puppy Bebé.

—¡Me apunto! —dijo Mishka. Le brillaban los ojos azules.

—Eh, umm, ehhh… —tartamudeó Magali mirando al suelo y frotándose las patas.

Enrique La Liebre le dio una palmadita en la espalda.

—No te preocupes, Sibladora. No habrá ningún peligro.

La liebre flaca se despidió de sus amigos. Un beso en cada mejilla, porque así es como se dice hola y adiós en Francia. Dijo:

—Mañana por la noche, los perdedores. En cuanto el sol desaparezca detrás de la Gran Montaña Rocky.

Los ojos de Mishka se agrandaron al oír «noche».

Enrique La Liebre miró al conejo.

—Colega, no podemos ir de día. ¡Hasta mañana!

Se alejó saltando por la montaña, hacia el bosque. En su camino, se cruzó con vacas gordas, de color marrón. Comían la hierba de la montaña.

—¡Buen provecho, colegas!

Los hermanos zorro salieron corriendo en dirección contraria.

—¡Nos vemos!

El cachorro bajó por la montaña.

—*¡Bye-bye!*

Magali recogió una flor azul alrededor de sus pies. Contó los pétalos en su mente y luego dijo:

—¿Mishka?

—¿Sí?

—¿Sabes nadar?

—No lo sé.

—¿Has visto lo rápido que iba el río?

—Pues, sí.

—¿Crees que es una buena idea entrar en el río? Porque yo no creo que mis padres sepan...

—Tus padres no se van a enterar, ¿vale? Nos vemos mañana por la noche.

Mishka se alejó por la larga ladera de la montaña, hacia la madriguera de su familia.

Magali miró las flores azules, rosas y amarillas a sus pies. Las abejas volaban dentro de ellas, de flor en flor.

La marmota dijo a las abejas:

—¡Porque, creo que no sé nadar!

Capítulo 2
Autoestopista Sorpresa

Puppy Bébé corrió por la montaña en busca de su amigo, el rebeco. Buscó por el lago, por la cascada y por todo el bosque. Finalmente, lo encontró en lo alto de la montaña, en un saliente rocoso.

—¡Hermano, ven!

Rebeco Luc bajó a saltos por el precipicio, utilizando sus fuertes pezuñas para rebotar de roca en roca hasta llegar al cachorro.

—Tienes que ayudarme a bajar a los amigos de la montaña esta noche —burbujeó Puppy Bébé.

—¿Por qué?

Rebeco Luc tenía el aspecto de una enorme cabra. Dos cuernos sobresalían en su cabeza, enredándose en los extremos. Y dos rayas negras le recorrían la cara. Le tapaban los ojos. Parecía un Zorro-Cabra con cuernos.

El cachorro burbujeó:

—Porque no me caben todos en la espalda. Vamos a jugar a un nuevo deporte.

Rebeco Luc levantó la cabeza.

—¿Has dicho un deporte nuevo?

Sshhhhhhhwiiiiiiiiiiiiiiissssshhhhhsssshhhhh.

Aquella noche la luna brillaba sobre el agua del río. La espuma blanca se veía aún más blanca que por el día.

Enrique La Liebre dio saltitos en la oscuridad, la nariz retorciéndose de excitación.

—Necesitamos un plan, colegas.

A Zorrito le brillaban los ojos.

—El plan es meterse en el agua, macho.

F-F-Foxy dijo:

—Necesitamos un barco.

—Caballeros —dijo Rebeco Luc, luego miró a Magali y añadió— y Mademoiselle. ¿Quieren decir que han venido hasta aquí para jugar en este río y no tienen un barco?

—Bueno, eso no es un problema —dijo Enrique La Liebre saltando.

Rebeco Luc miró a la liebre.

—¿Por qué?

F-F-Foxy se acercó.

—Porque vamos a f-f-fabricar un barquito.

Zorrito corrió detrás de su cola.

—¡Sí! ¡Vamos a construir un barco!

Los ojos del rebeco se entrecerraron, mirando a la liebre y a los zorros.

Puppy Bébé miro hacia arriba, más allá de los altos pinos, hacia las estrellas.

—Una, dos, tres, cuatro...

Enrique La Liebre dio un golpe al cachorro.

—Colega, ¿qué haces? ¿Contando estrellas? No tenemos tiempo para contar estrellas. Tenemos que pensar un poco. ¿Cómo vamos a construir un barco?

Mishka miró el agua que corría.

—Tenemos que fabricarlo con algo que flote.

Zorrito lanzó hojas al río.

—¡Las hojas flotan!

A la luz de la luna, el grupo observó cómo las hojas flotaban río abajo hasta perderse de vista.

F-F-Foxy golpeó a su hermano en la cabeza. *¡Pum!*

—No podemos usar hojas. ¿Cómo vamos a f-f-fabricar un barco entero con hojas pequeñas?

Zorrito gruñó a su hermano.

—*Grrrrrrrrr.* Por lo menos intento ayudar.

—Inténtalo mejor.

Zorrito pateó a su hermano. *¡Zas!* F-F-Foxy contraatacó mordiendo a Zorrito en la oreja. Zorrito lloró y saltó sobre la espalda de F-F-Foxy. Los hermanos giraron en círculo. F-F-Foxy intentó librarse de su hermano, pero Zorrito se agarraba.

Enrique La Liebre gritó:

—¡Eh! ¡Basta! *¡Time out!*

Zorrito saltó de la espalda de su hermano y sacudió su cuerpo. F-F-Foxy se lamió el cuello donde su hermano se había agarrado.

La liebre continuó:

—Tenemos que concentrarnos en nuestro barco. ¿Qué podemos utilizar como barco? Damos una vuelta y buscamos material para el barco. ¿Vale? Vuelvan aquí en cinco minutos.

Magali y Mishka se fueron por el sendero del río. Se pegaron el uno al otro, mirando hacia la oscuridad entre los árboles, atentos a los extraños ruidos nocturnos. La pequeña marmota tropezó y cayó de bruces. *¡Zas!*

Mishka se inclinó hacia su amiga.

—¿Estás bien?

La marmota se levantó y se frotó su cabeza plana.

—¡Ay! He tropezado con algo. —Recogió un gran trozo de corteza de árbol—. Esto.

Mishka tomó la corteza. La levantó y la giró una y otra vez, estudiándola bajo la luz de la luna. Sonrió, y su nariz rosada se crispó. Dio un saltito.

—¡Lo has encontrado! ¡Has encontrado la solución!

—¿Qué solución?

—¡La solución de nuestro barco!

Magali frunció el ceño.

—¿En serio?

—¡Sí, eres un genio!

—¿Lo soy?

—Sí. ¡Vamos!

El conejo agarró la pata de la marmota y corrió hacia los demás.

Cuando se acercaron al grupo, gritó:

—¡Lo tenemos!

Los chicos miraron a Mishka con su gran trozo de corteza.

Zorrito fue el primero en hablar.

—Muchacho, no sé si te das cuenta, pero eso es un trozo de corteza. No es un barco. —Se rio, con las patas cubriendo su boca—. Je je, je je.

Enrique La Liebre miró fijamente a Mishka.

—Zorrito tiene razón. Colega, no sé cuándo fue la última vez que viste un barco, pero... espera, fue ayer. Así que sabes cómo es un barco, ¿verdad?

Puppy Bébé y Rebeco Luc se quedaron mirando a los animalitos.

F-F-Foxy se acercó a Mishka. Sus ojos de zorro

brillaban y sus orejas apuntaban hacia arriba.

Mishka y Magali dieron un paso atrás, olvidando por un segundo la norma de *No comer otros animales por la noche*.

F-F-Foxy dijo:

—Vamos a escucharle —Miró la corteza en las patas de Mishka—. ¿En qué estás pensando, tío?

—Bueno, en lugar de un barco grande, quizá deberíamos usar siete barquitos... —dijo Mishka con los bigotes agitándose bajo la luz de la luna.

F-F-Foxy mantuvo sus ojos clavados en la corteza.

—Sigue.

Mishka levantó la corteza.

—¡Esto flotará! Y es lo bastante grande para mí. ¡Puedo flotar en ella, río abajo!

Dando saltitos en círculos, la liebre cantaba:

—*¡Creo que tiene razón! ¡Creo que tiene razón! Creo que tiene razón!*

Zorrito se acercó al conejo.

Mishka dio un paso atrás.

El joven zorro miró al conejo, con los ojos posados

en su redonda barriga.

Mishka tragó saliva.

El zorrito siguió mirándolo.

Mishka juntó las patas, inclinó la cabeza y rezó en silencio a su Abuelo Klaas.

F-F-Foxy pateó la pierna de Zorrito. *¡Pum!*

—¡Deja de provocar! —gruñó a su hermano—. *Grrrrrrrr.*

—¡Ayyy! —gruñó Zorrito a su hermano, antes de volverse hacia Mishka con una sonrisa—. Sí, creo que tu idea es buena.

El conejo soltó un enorme suspiro.

—¡Uuuuuf!

Y Magali también.

—¡Uuuuuf!

Enrique La Liebre saltó de un lado a otro.

—¡Probémoslo! Venga, vamos a probarlo. ¡Mételo en el agua a ver si flota!

Los amigos se acercaron al río y Mishka colocó suavemente la corteza de árbol en el agua.

—¡Flota! —gritó Enrique La Liebre dando saltitos—.
¡Yupi!

F-F-Foxy y Zorrito chocaron los cinco. Puppy Bébé
soltó una risa burbujeante. Rebeco Luc se levantó
sobre sus patas traseras, agitando sus pezuñas
delanteras en el aire. Magali se mantuvo erguida, junto
a Mishka, con una sonrisa lo bastante amplia como
para mostrar todos sus dientes.

Los ojos de Mishka centellearon de felicidad. Pero,
cuando se volvió hacia el río, se quedó quieto. Su
corteza de árbol se alejó flotando. Desapareció río
abajo.

—¿Qué? ¡No!

Magali se llevó las patas a la cabeza.

—¡Tu barquito de corteza!

Enrique La Liebre dejó de saltar. Los zorros se
quedaron quietos.

Mishka se enderezó. Dijo:

—Lo hemos encontrado una vez, podemos
encontrar más.

Rebeco Luc estampó su pezuña en el suelo.

—Tiene razón, compadres. Cada uno tiene que
encontrar su trozo de corteza. Nos vemos aquí en

cinco minutos.

Cinco minutos más tarde, el grupo estaba de pie junto al agua.

—Yo iré primero —dijo F-F-Foxy sujetando su gran trozo de corteza.

—No. *Yo* iré primero —dijo Enrique La Liebre apartando a su amigo del camino.

—No. Yo —dijo el zorro.

—No. Yo —dijo la liebre.

Zorrito se acercó al río.

—Yo voy a ir primero. Y —dijo mirando a Mishka—, me meteré en el agua antes de soltar la corteza. —Sonrió a sus amigos mientras saltaba al agua—. ¡¡¡Ay!!! —Salió del agua—. ¡¡¡Ay!!! ¡Está helada!

F-F-Foxy empujó a su hermano de nuevo al agua.

—Querías ir primero, ve primero. Métete.

—Vale, vale, vale —gimoteó Zorrito, mientras se metía en el agua fría. Le castañeaban los colmillos—. Brrrrrrrrr. ¡Ay! ¡Ay! ¡Ay! —Sostuvo su corteza en el agua, con cuidado de no soltarla en la fuerte corriente.

—¡Sube! —gritó Enrique La Liebre desde el borde.

Los animales miraban a Zorrito, mojado y

temblando. Su pelaje se había aplastado, haciéndole parecer muy liso y flaco. Su cabeza parecía haberse encogido el triple.

—¡Salta! repitió la liebre.

Con los colmillos aún castañeando, el zorro se inclinó hacia delante y apoyó el pecho en la corteza. Levantó las patas y... *¡wooooooooooooosh!* ¡El río lo llevó!

Los amigos aplaudieron.

—¡Hurra!

Corrieron por el borde del río, siguiendo al zorro.

F-F-Foxy gritó:

—¡Agárrate, tío!

Enrique La Liebre gritó:

—¡Lo estás consiguiendo, colega!

El grupo corrió deprisa, siguiendo a Zorrito, bajando en su tabla de corteza.

Puppy Bébé corrió, ladrando de entusiasmo.

—*¡Guau-guau! ¡Guau-guau! ¡Guau-guau!*

Su larga cola se movía de un lado a otro.

Magali y Mishka sonrieron al ver a Zorrito

balancearse de arriba abajo.

—¡Cuidado! —gritó F-F-Foxy a su hermano—. ¡Vas directo hacia una roca! ¡Gira a la izquierda!

El grupo se puso a correr, frunciendo el ceño al ver la gran roca.

—¡Gira a la izquierda! —repitió F-F-Foxy.

Zorrito movió el cuerpo hacia la derecha.

—¡A la otra izquierda!

¡Puuuum! Zorrito chocó contra la roca y dio una vuelta en el aire.

Los animales se quedaron mirando con la boca abierta. Vieron a Zorrito volar por el aire nocturno y aterrizar de nuevo en el río. *¡Plof!* Aterrizó con su tabla aún en las patas. Corrieron dentro del agua helada y arrastraron al zorro hasta el borde.

F-F-Foxy sacudió los hombros de su hermano.

— ¿Estás bien?

Con los ojos cerrados, Zorrito apartó las patas de su hermano. Abrió lentamente el ojo izquierdo y luego el derecho. Sonrió a la luna y dijo:

—¡Eso ha sido genial!

El zorro miró a sus compañeros. Se estaban alejando

de él.

Enrique La Liebre tenía la cara torcida.

Magali jadeaba, las patas tapando la boca.

Mishka había saltado sobre la espalda de Puppy Bébé.

Rebeco Luc clavaba las pezuñas en la tierra y retrocedía.

F-F-Foxy era el único que no se apartaba. Estaba a su lado, riendo y señalando.

Zorrito saltó del suelo. Dio un paso hacia sus amigos. Ellos retrocedieron más.

Zorrito levantó las patas.

—¿Qué? ¿Qué pasa?

Las lágrimas cayeron de los ojos de F-F-Foxy y la risa surgió de su cuerpo. Señaló la frente de su hermano.

—¡Has cogido a una autoestopista! ¡Ja, ja, ja, ja, ja, ja, ja, ja, JAAAA!

Zorrito se quedó bizco mientras intentaba ver qué señalaba su hermano. Y luego, ¡lo vio! Un caracol marrón más gordo, pegajoso y más viscoso, con dos largas antenas móviles, se había pegado a su frente. El caracol se desplazaba lentamente hacia abajo, dejando un rastro de materia reluciente, pegajosa y brillante.

—¡Ja, ja, ja, ja, ja, ja, ja, JAAAAAAAA! —rio F-F-Foxy cayendo al suelo y agarrándose la barriga. Se reía tanto que al final no emitió sonido alguno. Las lágrimas le corrían por la cara.

Los ojos de Zorrito se pusieron aún más bizcos al seguir al caracol gigante que se deslizaba por encima de su nariz, ¡hacia su boca!

El joven zorro gritó:

—¡Aaaaaaaaaaaaaaaaaaaaaaaaahhhhh!

Capítulo 3
Libertad Del Río

El sol descendió cada vez más y más hasta desaparecer detrás de la Gran Montaña Rocky.

Mishka miró hacia la madriguera de Magali. Nadie sabría que era su madriguera porque parecía un trocito de tierra normal sobre la montaña. Pero había un pequeño hueco, y eso era la puerta de Magali.

El conejo se quedó observando hasta que la vio asomar la cabeza. Susurró:

—¡Pssst! ¡Por aquí!

Magali se acercó y echaron a correr por la montaña.

—Dijo que nos encontráramos en el bosque cerca del telesilla. ¡Vamos, deprisa! —dijo Mishka.

El conejo guió a Magali hacia el punto de encuentro.

—¿Se despertaron tus padres?

—No. No hice ruido al salir. Estaban dormidos. Mi madre roncaba.

Mishka sonrió a la marmota. Él tenía mucha suerte porque su madre le dio mucha libertad. «Mientras que seas cuidadoso y responsable, Mishka, confío en ti».

Los amigos bajaron por un valle y subieron por el otro lado. Pasaron por delante del Telesilla Azúcar y, al llegar al bosque, se iban más despacio. Se adentraron con cuidado.

Esperaron a que sus ojos se acostumbraran a la oscuridad. Entonces lo vieron.

—¡Buenas noches, compañeros!

Rebeco Luc se arrodilló y los dos amigos saltaron a su espalda.

—Agarraos.

Con sus fuertes patas y pezuñas, el rebeco se lanzó a través de los árboles.

Al cabo de un rato, se cruzaron con un viejo tejón que olfateaba el suelo en busca de insectos.

El tejón levantó la cabeza.

—Buenas noches.

—¡Buenas noches! —respondieron.

Magali y Mishka rebotaron sobre la espalda de Rebeco Luc mientras recorrían el bosque. El rebeco corrió hacia una madriguera de zorros donde la madre vigilaba la entrada.

—Buenas noches —dijo la mamá zorro. Sus ojos alarmados miraban a los animales y a su madriguera.

—¡Buenas noches!

Siguieron avanzando cuando, de repente, Rebeco Luc clavó sus fuertes pezuñas en la tierra, deteniéndose.

Magali y Mishka miraron hacia abajo para ver qué había detenido a Rebeco Luc tan de repente.

—Buenas noches —dijo una mamá jabalina en el sendero del bosque. Mientras andaba, olfateaba el suelo.

—Buenas noches, respondieron el rebeco, la marmota y el conejo.

Detrás de la madre jabalina, le seguían sus bebés. Uno a uno, cruzaron el camino del bosque delante de Rebeco Luc.

El primer bebé llegó caminando y con su vocecita de

jabalí dijo:

—Buenas noches.

—Buenas noches.

El segundo bebé vino correteando detrás de su hermano.

—Hola.

—Buenas noches —respondieron al bebé número dos.

—Buenas —dijo el tercer bebé jabalí, cruzando el camino.

—Buenas noches.

La cuarta y última cría de la jabalina cruzó el camino sin mirar ni siquiera a Rebeco Luc, ni a Magali, ni a Mishka.

Cuando el bebé llegó al otro lado, la madre le dijo:

—¡Qué falta de educación! ¿Qué dices, niña? —Señaló con la cabeza a Rebeco Luc, Magali y Mishka.

—Buenas noches —murmuró la pequeña jabalina.

—No te he oído —dijo la madre inclinando la cabeza.

—¡BUENAS NOCHES! —gritó el bebé con el

hocico levantado y dando golpecitos con la pezuña en el suelo.

—Buenas noches —respondieron Rebeco Luc, Magali y Mishka.

Satisfecha, la madre se llevó a sus crías, escabulléndose entre los arbustos.

Rebeco Luc reemprendió el camino hacia el río.

Sshhhhhhhwiiiiiiiiiiiiiiisssshhhhhsssbhhhh.

—¡Eh! ¡Eh! ¡Eh! —Enrique La Liebre levantó su tabla de corteza en el aire cuando vio a sus amigos llegar al río—. ¡Vamos, los perdedores!

Puppy Bébé movía la cola.

—Yo iré primero —burbujeó, empujando su tabla hacia el río.

La liebre miró el voluminoso cuerpo del cachorro y se rascó la cabeza.

—¿Estás seguro de que quieres intentarlo, colega? Porque, sabes, puede que no sea divertido. Hay caracoles y babosas y otras cosas en el agua.

Puppy Bébé miró al río. Le brillaban los ojos. La lengua roja le colgaba de la boca.

—Quiero hacerlo. —Se saltó en el agua y cada vez

que una ola blanca y espumosa le golpeaba en la cara, ladraba—. *¡Guau-guau!* —Empezó a correr detrás del agua en movimiento—. *¡Guau-guau!*

—¡Muchacho, tu tabla! —gritó Zorrito—. Se va a ir con el agua. ¡Concéntrate!

El cachorro cogió su tabla y se sentó en ella.

Zorrito y los demás observaron cómo el cachorro se fue bajando en el agua revuelta hasta que se quedó plantado en el fondo del río. El agua no era profunda porque solo la mitad de su cuerpo estaba cubierta.

Puppy Bébé miró a sus amigos.

—¿Por qué no me muevo?

—¡Campeón, pesas demasiado! —gritó Rebeco Luc.

—¿Eh?

—¡Pesas demasiado, colega! —gritó Enrique La Liebre.

—¿Qué? —Puppy Bébé miró a su alrededor, a la espuma blanca—. *¡Guau-guau!* —Intentó dar pequeños empujones hacia delante, pero no se movió—. *¡Guau-guau!*

—¡Compañero, tienes que salir del agua! —gritó Rebeco Luc—. Eres demasiado pesado para esa tabla de corteza.

El cachorro miró más bajo el río hacia donde quería llegar y luego miró hacia sus patas en el agua. Despacito, recogió su tabla y regresó a la orilla. Parecía como si lo hubieran metido en una máquina mágica de encoger; su pelaje estaba húmedo y liso, y su cuerpo parecía la mitad del tamaño habitual. Sacudió el agua de su pelaje, arrojando agua helada sobre sus amigos. Sacudo, sacudo, sacudo.

Los animales levantaron las patas.

—¡Eh! ¡Qué frío!

—¡Oh, no!

—¡Colega, por favor!

—¡Ay! ¡Hace f-f-frío, tío!

Zorrito miró al cachorro.

—Muchacho, vamos a tener que encontrarte un barco más fuerte.

F-F-Foxy dijo:

—Sí. —Luego miró a Rebeco Luc—. Lo mismo para ti, tío. Pesarás demasiado, pero os encontraremos un barco más f-f-fuerte.

—¿Cómo? —burbujeó el cachorro.

—Sí. ¿Qué puede ser más fuerte? —preguntó Rebeco

Luc.

—No lo sé —dijo F-F-Foxy—, pero ya se nos ocurrirá algo.

Enrique La Liebre dio un salto.

—¡Sí! ¡Ya se nos ocurrirá algo! ¡Os lo prometo!

Zorrito recogió su tabla de corteza y miró a Magali, Mishka, Enrique La Liebre y su hermano.

La marmota miró el agua que corría. Se mordió el labio inferior. Su corazón se aceleró. *Bum-bum, bum-bum, bum-bum.*

Zorrito se metió primero en el río. Inspiró mientras cruzaba.

—¡¡¡¡Ay!!!! ¡¡¡¡Ay!!!! ¡Qué frío!

F-F-Foxy le siguió al agua.

—¡Ooooooooh! ¡F-f-frío!

Enrique La Liebre fue el siguiente en meterse.

—¿Qué? ¡Está hirviendo! ¡Tropical! —Empezó a cantar— *¡Estamos en las Bahamas, Bebé!*

Zorrito dijo:

—¿Bahamas? Entonces, ¿por qué tienes la cara azul?

Mishka fue el siguiente en meterse en el agua.

—¡Ohhhh, qué frío! —Pasó por encima de piedras resbaladizas para alcanzar a los demás. Elevó la cabeza, intentando que no le cayera agua en las gafas. Se dio la vuelta para buscar a Magali—. ¡Vamos, Magali!

La pequeña marmota miró a Rebeco Luc y a Puppy Bébé. Su corazón seguía acelerado. *Bum-bum, bum-bum, bum-bum.*

—No tienes que hacerlo si no quieres, Mademoiselle —dijo el rebeco.

—¡Entra! No es profundo —gritó Enrique La Liebre—. ¡Deprisa! ¡Hace demasiado frío para quedarse parado!

Magali respiró profundamente y entró en el agua de puntillas.

Parados en una fila en el río, los animales parecían haber entrado todos en la máquina de encoger. Su pelaje se aplanaba en el agua. Pero, sus sonrisas no se habían reducido, sino todo lo contrario. Sus sonrisas se habían engrandecido, incluso la de Magali.

—¿Listos? —dijo Enrique La Liebre—. A la de tres. Uno. Dos... —apoyaron el pecho en sus tablas— ¡Tres! ¡Vamos!

Se lanzaron empujando sus piernas.

—¡Yupiiiiiii!

—¡Guauuuuu!

—¡Guayyyy!

Mishka se agarró a la tabla y levantó la cabeza para intentar ver las rocas que se aproximaban, pero el agua salpicaba sus gafas.

Magali se agarró con fuerza a su tabla, pero cuando se dio cuenta de que podía tocar las rocas del río con los pies, empezó a relajarse.

El cachorro y el rebeco los siguieron por la orilla.

—¡Una gran roca delante! —gritó Rebeco Luc—. Magali, tienes que girar a la derecha. ¡Gira a la derecha!

La marmota se dirigió hacia la derecha.

—¡Gracias!

Mishka arrastró los pies contra las rocas del fondo del río, sonriendo al saber que podía ir más despacio.

Enrique La Liebre y F-F-Foxy hacían lo contrario. Levantaron las piernas, intentando ir lo más rápido posible.

La liebre gritó a F-F-Foxy.

—¡Hacemos una carrera!

—¡Vamos!

La liebre y el zorro se lanzaron. El agua los llevó, alrededor de las rocas del río, y dentro y fuera de las hondonadas.

Cada vez que llegaron a una hondonada, sus ligeros cuerpos se elevaron por el aire hasta que aterrizaron de nuevo en el agua.

—¡Yupiiii!

—¡Hurra!

Zorrito no iba muy lejos, detrás de ellos.

—¡Guay!

Magali y Mishka les seguían a una distancia.

La marmota miró a Mishka.

—¡Ja, ja, ja!

—¿Qué tiene tanta gracia? —preguntó Mishka, intentando no tragar agua.

—Tú.

—¿Por qué?

—Tienes el pelaje mojado. Pareces una rata ahogada

con orejas largas. ¡Ja, ja, ja!

Los dos amigos se agarraron bien a sus tablas y se fueron desplazando río abajo, atentos a las grandes rocas.

Rebeco Luc y Puppy Bébé seguían corriendo a lo largo de la orilla.

De repente, Puppy Bébé gritó:

—¡Cuidado!

Rebeco Luc gritó:

—¡Viene una gran hondonada! ¡Parad!

—¡Yo no paro! — gritó Enrique La Liebre.

—¡Yo tampoco! —gritó F-F-Foxy.

Los dos estaban demasiado ocupados, mirándose el uno al otro para verlo. *¡Zas!* Volaron por encima de la roca y se elevaron por el aire.

—¡Ohhhhhhhh! —gritó F-F-Foxy.

—¡Ayyyyyy Dios miooooooo! —gritó Enrique La Liebre con sus piernas intentando pedalear en el aire.

Aterrizaron de nuevo en el agua con gran fuerza. *¡Catapumba! ¡Cataplán!*

—¿Qué pasó? —F-F-Foxy se levantó y ayudó a

Enrique La Liebre a levantarse. Se dirigieron a la orilla del río.

Zorrito fue el siguiente en llegar, pero estaba al otro lado del río.

F-F-Foxy gritó a su hermano desde la orilla.

—¡A la izquierda! Nada hacia la izquierda.

Zorrito nadó hacia la derecha.

—¡He dicho a la izquierda! —gritó F-F-Foxy.

Zorrito levantó la pata para coger la rama de un árbol que colgaba. Lo agarró con una pata, mientras sujetaba su tabla con la otra. Sonrió al ver cómo las rápidas aguas intentaban llevar su cuerpo río abajo.

Magali y Mishka fueron los siguientes en llegar por el río.

F-F-Foxy estiró el brazo.

—¡A la izquierda, venga! ¡Cógeme del brazo!

Magali extendió el brazo. F-F-Foxy la arrastró hasta la orilla del río.

Enrique La Liebre se metió en el agua y atrapó a Mishka.

—Gracias —dijo el conejo, limpiándose el agua de las gafas.

El grupo miró a Zorrito al otro lado del río, todavía agarrando la rama de su árbol.

—¡Colega! ¡Acércate nadando! —dijo la liebre.

Zorrito se rio.

—No. Estoy bien. ¡Me quedo aquí!

—¡Vamos, tío! —gritó su hermano—. ¡A nadar!

—No. Estoy bien.

De repente, Puppy Bébé levantó la cabeza. A Rebeco Luc le brillaron los ojos. Las orejas de F-F-Foxy se levantaron tan rectas que el agua brotó del pelaje de sus orejas. Incluso las orejas de Magali, Mishka y Enrique La Liebre se levantaron. El grupo miró hacia los árboles que colgaban sobre la cabeza de Zorrito. Las hojas habían empezado a moverse.

—¿Ves algo? susurró Enrique La Liebre.

—*Muuuuuuuuu.*

—¡Vacas! —jadeó la liebre.

El grupo se inclinó hacia delante para mirar más de cerca los árboles que colgaban sobre Zorrito. Él también había oído el mugido y miraba hacia arriba.

—¿Es eso... ? —susurró Enrique La Liebre, tratando de ver.

—¡Su trasero! —susurró F-F-Foxy—. ¡Mira! Está dando marcha atrás. ¡Esa vaca va a caerse al río!

—Eso parece —dijo Rebeco Luc, mirando fijamente el gordo trasero de la vaca.

El grupo observó cómo la vaca, que se había colocado justo encima de Zorrito, levanto la cola.

—¡Oh, no! —jadeó Mishka, parpadeando.

—¿Pero, está… ? —dijo Enrique La Liebre.

F-F-Foxy empezó a reírse.

—¡Sí! ¡Ja, ja, ja!

Los amigos observaron cómo la vaca hizo un prolongado pis. El líquido marrón y caliente salpicó al zorro directamente en el ojo.

Zorrito se sobresaltó.

—¿Qué? ¿Qué? ¡Puaf!

Al otro lado del río, F-F-Foxy estaba doblado, agarrándose el estómago, con la boca abierta y los ojos llenos de lágrimas.

Enrique La Liebre daba saltitos y señalaba.

—¡Ja! ¡Ja! ¡Je! ¡Je! ¡Ja! ¡Ja! ¡Ja!

—*Muuuuuuuu.*

La gran vaca terminó de orinar y desapareció entre los árboles.

F-F-Foxy rio.

—¡Tío! ¡Esto sí que es la cosa más divertida que le ha pasado! ¡Nada va a superar a esto! ¡Ja, ja, ja!

Una voz en lo alto de las copas de los árboles también se rio.

—¡Brrrrrrrrrrrrrrrrr ruppp ruup rupp! ¡Pipi Zorrito! ¡Pipi Zorrito! ¡Brrrrrrrrrrrrrrrrr ruppp ruup rupp!

Capítulo 4
Pícnic Alegría

Magali trazó una línea en forma de S en la tierra.

—Este es nuestro río. Mira. Aquí es donde empezamos —señaló con su bastón—, y nos fuimos bajando, bajando, bajando por el río. —Marcó una cruz en la tierra y un gusano sacó la cabeza. La marmota lo cogió y se lo metió en la boca—. ¡Ñam ñam!

Magali continuó:

—Aquí es donde terminamos la otra noche. Pero, ¿dónde acaba el río? Tenemos que ir más lejos. Lo que pasa es que no puedo estar fuera de casa mucho tiempo. Si mi madre se despierta y no me encuentra, estaré castigada de por vida. De verdad, Mishka, ¡si mis padres lo supieran, me matarían! Pero, antes de que me mataran, mi mamá me haría barrer el suelo de la madriguera y apilar las cerezas una a una. Tal vez mi papá me haría hacer nuevas camas de corteza para él y mi mamá, y mis tíos. Después de hacer todo eso, me matarían, seguro.

Mishka sacudió la cabeza, intentando no pensar en lo que acababa de ver con el gusano. Que descanse en paz.

El joven conejo parpadeó bajo la luz del sol.

—Quizá deberías decírselo a tus padres. A lo mejor te dejan salir.

—¿Estás de broma? ¿Después de lo que pasó en invierno? De ninguna manera —dijo Magali—. Tendré que seguir escapándome. —Enderezó los hombros—. Ya soy una experta en salir a hurtadillas. Cuando oigo a mi madre roncar, salgo de puntillas. No se van a enterar.

Mishka miró hacia la S en la tierra.

—Mis piernas podrían tocar el fondo del río. ¿Podrían las tuyas?

A la marmota se le iluminaron los ojos.

—¡Sí! Me encanta esa sensación. De moverse tan rápido.

—*Fiiiiiiiu!* —El padre de Magali silbó desde el otro

lado de la montaña.

La pequeña marmota giró la cabeza.

—Tengo que irme. Nos vemos esta noche.

Magali fue corriendo sobre rocas, hierbas, barro y flores azules hasta que llegó a la entrada de su madriguera. Se metió por el agujero y desapareció bajo tierra.

Mishka corrió en la otra dirección, hacia los árboles. Cuando llegó a la linde del bosque, miró hacia arriba. Un águila sobrevolaba en busca de comida. El conejo dio un paso más hacia el bosque. Sus orejas se agitaron. Unos sonidos crujientes provenían del interior del bosque. El conejo se paralizó. Algo pisaba las hojas secas del suelo. Era un ruido grande; un animal grande, más grande que él. *¿Un ciervo? ¿Un jabalí? ¿Un lobo?*

Mishka regresó a su casa tan rápido como pudo, quedándose en la linde del bosque. No quería estar dentro con el gran animal, pero tampoco quería estar fuera con el águila. Su madre le había dicho a él y a sus hermanos un millón de veces:

—¿Quiénes son tus amigos?

—Los conejos.

—Así es. ¿Quiénes no son tus amigos?

—Las águilas.

—¿Y?

—Los zorros.

—¿Y?

—Los lobos.

—Así es.

Era un día súpersoleado, el tiempo perfecto para que los animales jugaran en la montaña, pero Zorrito, F-F-Foxy y Enrique La Liebre estaban haciendo todo lo contrario. En la base de la montaña, se quedaron en la sombra, agachados detrás de los árboles.

Los zorros y la liebre miraban más allá de los árboles y hacia el lago de aguas verdes. Personas Grandes se sentaban en grupos, riendo. Los niños de la Personas Grandes jugaban. Remaban en el lago gritando: «¡Mamá, mírame!» y «¡Papá, mírame!» Los perros corrían arriba y abajo por las orillas del lago. Otras Personas Grandes iban por el camino de bicicletas que rodeaba el lago. Tocaban los timbres. *¡Ding! ¡Ding!* Otras estaban junto a las barbacoas con pinzas, asando jugosos filetes y gordas salchichas a la parrilla.

Las narices de Zorrito, F-F-Foxy y Enrique La Liebre olfateaban el aire ahumado.

F-F-Foxy se puso las patas en el estómago y cerró

los ojos.

—Qué bien huele. ¡Ñam ñam!

Zorrito también cerró los ojos.

—¡Huele a paraíso!

Enrique La Liebre cantó suavemente:

—*¡Es el paraíso de la comida! Bebé, ¡el paraíso de la comida de la barbacoa!*

Los animales se quedaron mirando a una Persona Grande que llevaba un delantal rojo. Estaba dando la vuelta a un enorme filete en la barbacoa. Una gota de sangre chisporeó sobre los carbones calientes. *¡Shtsssssssssssssss!*

A Zorrito se le salió la lengua roja de la boca.

Enrique La Liebre saltó de un lado a otro. Señaló una mesa de pícnic cerca de la barbacoa.

—¿Cómo vamos a conseguirlo? —Se frotó la barriga peluda mirando las montañas de comida que había sobre la mesa. Sus ojos hambrientos no podían decidir qué comida mirar: la cremosa ensalada de patatas, el maíz amarillo, las salchichas calientes y aceitosas, los panecillos o el gran plato de sandía troceada.

Zorrito y Enrique La Liebre se agacharon, los ojos

clavados en aquella mesa. Vieron cómo un niño de las Personas Grandes cogía un panecillo, pero la madre le dio un golpecito en la mano.

—Todavía no, Aureliano —le dijo.

F-F-Foxy puso una pata en el hombro de su hermano y otra en el de Enrique La Liebre. Susurró:

—Tengo una idea mejor. —Señaló al otro lado del lago.

La liebre y Zorrito giraron la cabeza. Una niña Persona Grande en bañador rojo remaba en un pequeño barco amarillo. Su padre la esperaba junto al lago. Cuando llegó hasta él, la ayudó a arrastrar su barquito hinchable hasta la arena. La niña cogió la mano de su padre y correteó hasta llegar a la mesa de pícnic.

F-F-Foxy se puso recto y dijo:

—¿Ves eso? —dijo señalando.

—¿El barco amarillo? —susurró la liebre.

—Sí.

—Sí. ¿Y qué?

Rebeco Luc y Puppy Bébé —dijo F-F-Foxy, sonriendo.

Zorrito y Enrique La Liebre asintieron lentamente con sus cabezas peludas.

—Síganme —dijo F-F-Foxy.

Agachado, el zorro guió a sus amigos a través de los árboles y sobre la alfombra de hojas secas del bosque, con cuidado de no pisar hormigas ni gusanos.

—Yo preferiría robar algo de comida —susurró Zorrito.

F-F-Foxy dio un empujón a su hermano.

—Olvídalo. Hoy es el barco.

—Tiene razón —susurró Enrique La Liebre—. ¿Cómo vamos a hacerlo?

F-F-Foxy se inclinó y les susurró instrucciones al oído.

Tres minutos más tarde, después de comprobar que todas las Personas Grandes estaban ocupadas en sus mesas de pícnic, el trío salió corriendo de los árboles y hacia el barco amarillo.

F-F-Foxy llegó primero. Dio la vuelta rápidamente al barco, se metió dentro y lo levantó con el espacio justo para que la liebre y su hermano se pudieran meter dentro. Después, dejó caer el barco.

El trío de ladrones se sentó dentro del barquito,

sonriendo unos a otros. Podían oír a las Personas Grandes a lo lejos, riendo y hablando. Los amigitos se quedaron sentados, con las orejas levantadas, escuchando si alguien gritaba o decía algo sobre el barco. Nada.

F-F-Foxy levantó la pata y contó. Uno… dos… ¡tres! El trío levantó el barquito y se desplazó por la arena hacia el bosque durante cinco segundos. Después, se sentaron. Esperaron. Sus orejas se enderezaron. Las Personas Grandes seguían riendo, hablando y comiendo. F-F-Foxy levantó la pata. Uno… dos… ¡tres! El trío levantó el barco y volvió a moverse durante otros cinco segundos. De nuevo, se detuvieron y esperaron. Levantaron las orejas. Las Personas Grandes seguían riendo y comiendo. F-F-Foxy levantó la pata y susurró:

—Ya. Esta vez llegaremos. ¿Preparados? Uno… dos… ¡tres!

Levantaron el barco y corrieron la corta distancia que separaba el lago de la linde del bosque. Deprisa, escondieron el barquito entre los árboles y los arbustos, y volvieron a mirar el lago. Nada. Las Personas Grandes no se habían dado cuenta. Seguían comiendo. El padre se estaba metiendo en la boca una hamburguesa enorme, el hijo tenía en la mano un maíz y se chupaba los dedos, la madre estaba metiendo una salchicha en un pan y la niña del barco estaba esperando el bocadillo con la mano extendida.

¡F-F-Foxy chocó los cinco con Enrique La Liebre y Zorrito!

—¡Ja, ja, ja, ja! ¡Lo hemos conseguido!

Zorrito dio una doble voltereta y aterrizó sobre sus suaves patitas.

Enrique La Liebre bailó en silencio. Susurró:

—Vámonos de aquí. Llevemos nuestro barco al río y busquemos un buen escondite. —Sonrió a F-F-Foxy y puso una pata en el hombro de su amigo—. Rebeco Luc y Puppy Bébé se van a poner muy contentos.

—¡Sí! Vamos —dijo F-F-Foxy.

—¡Espera! —dijo Zorrito, mirando hacia las mesas de pícnic. En la mesa más cercana había un plato de salchichas recién asadas. Los ojos de Zorrito se clavaron en aquellas jugosas salchichas. Olfateó—. Creo que necesitamos un aperitivo antes de irnos.

F-F-Foxy dio un empujón a su hermano.

—No hay tiempo. Tenemos que salir de aquí ya.

Zorrito salió sigilosamente de entre los árboles. Susurró:

—Dame dos segundos.

Enrique La Liebre y F-F-Foxy observaron cómo el joven zorro se escurría hacia la mesa de pícnic.

—*Grrrrrrrrrrrrrrr. ¡Guau-guau! ¡Guau-guau!* —Un gran perro marrón con collar naranja salió de pronto, corriendo directamente hacia Zorrito.

A F-F-Foxy y Enrique La Liebre casi se les salen los ojos de las órbitas. Cogieron el barco y salieron disparados por el bosque, sobrevolando hormigas, gusanos, ramitas y hojas muertas.

—¡Nos alcanzará! —dijo F-F-Foxy, sujetando el barco y corriendo tan rápido como le permitían sus piernas—. ¡Ojalá!

Capítulo 5
Problemas De Roca

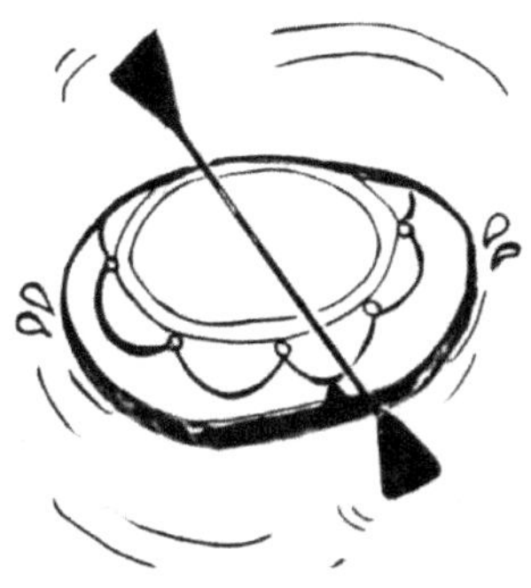

Sshhhhhhhwiiiiiiiiiiiiiiiissssshhhhhhsssshhhhh.

— ¡Achís! estornudó Magali—. Ay, disculpa.

—Salud —dijo Mishka—. Espero que no te constipas. ¿Cómo vas a hacer el rafting si te constipas?

—Fue un solo estornudo, Mishka —dijo la marmota, mirando a su alrededor—. ¿Dónde están?

Magali, Mishka y Rebeco Luc se quedaron en la orilla del río, mirando a derecha e izquierda en la oscuridad.

Sshhhhhhhwiiiiiiiiiiiiiiiissssshhhhhhsssshhhhh.

Puppy Bébé entró corriendo. El brillo en sus ojos

marrones les dijo que algo estaba pasando.

—¡Cierren los ojos! —burbujeó el cachorro acercándose y moviendo la cola.

—¿Qué? —dijo Rebeco Luc.

—Cierren los ojos.

Primero cerró los ojos Magali, luego Mishka y por último Rebeco Luc.

—¡Los Perderdores! —La voz de Enrique La Liebre llegó a través de los árboles—. ¡Ya podéis abrir los ojos!

F-F-Foxy, Zorrito y Enrique La Liebre aparecieron sonriéndose y pavoneándose entre los árboles cargando un barquito inflable y amarillo por encima de sus cabezas.

Magali se quedó boquiabierta.

—¿Qué?

Rebeco Luc asintió la cabeza con alegría. Sus robustos cuernos se movían de arriba abajo mientras miraba el pequeño barco.

Mishka aplaudió.

—¡Guau!

El trío depositó el barco a los pies de Rebeco Luc.

—Para ti y Puppy Bébé —dijo F-F-Foxy hinchando el pecho.

Puppy Bébé ladraba y saltaba de un lado a otro. Movía tanto la cola que casi tumba a Magali.

Los ojos de Rebeco Luc se ablandaron.

—Es lo más bonito que han hecho por mí. Gracias, compañeros.

Inclinó la cabeza y dio un suave cabezazo a Enrique La Liebre, luego a Zorrito y después a F-F-Foxy.

F-F-Foxy se agarró al cuerno izquierdo del rebeco y le dio un pequeño tirón.

—De nada, tío.

—¡Gracias! —burbujeó Puppy Bébé saltando de un lado a otro.

—¿Dónde lo habéis encontrado? —preguntó el rebeco.

—De eso no te preocupes —dijo F-F-Foxy—. ¿Os gusta?

Aulló el perrito.

—*Aaaaaaaaaaooouuuuuuuuuuuuuuuuuuuuuuu.*

Zorrito y F-F-Foxy también.

—Aaaaaaaaaoooouuuuuuuuuuuuuuuuuuuuuuuuuu.

—¡Callaos! ¡Cállensen! —dijo una voz desde lo alto de los árboles.

Todos miraron hacia arriba.

—¿Alguien acaba de decir «Callaos»?— susurró Mishka, mirando hacia los árboles.

—¡Callaos! —volvió a decir la voz—. Estáis despertando a todo el bosque. ¡Egoístas!

El grupo se quedó mirando las copas de los árboles, la luna y las estrellas.

Puppy Bébé se fijó en las estrellas.

—Uno, dos, tres, cuatro, cinco, se...

Enrique La Liebre le dio una patada.

Magali gritó a la voz de los árboles:

—¿Dónde estás?

—¡Brrrrr ruppp ruupp rupp! —rio la voz—. Vas a morir. ¡Te vas a caer al agua helada y te vas a morir! ¡Brrrrr ruppp ruup rupp!

—¡No digas eso! —gritó Magali.

—¡No digas eso! —imitó la voz.

La marmota apretó los labios y cerró el puño.

Enrique La Liebre tiró a su amiga hacia atrás.

—Tranquila, Silbadora. Solamente es un pájaro estúpido.

—¡Muere! ¡Muere! ¡Muere! —rio la voz en lo alto—. ¡Brrrrrrrrrrrrrrrrr ruppp ruup rupp!

Magali agarró su tabla de corteza y respiró fuertemente.

—¿Nos vamos a ahogar?

—No —dijo F-F-Foxy.

Enrique La Liebre levantó el dedo.

—¿A qué esperamos? ¡Venga! ¡Al agua!

El grupo recogió sus tablas.

—Espera —dijo Zorrito—. Esta vez vamos más lejos. No os paréis en la tercera roca.

F-F-Foxy asintió.

—Sí. Vámonos más lejos. —Miró el barco amarillo—. Enrique La Liebre y yo nos meteremos en el agua primero con el barco y lo mantendremos quieto —dijo mirando a Rebeco Luc y a Puppy Bebé—. Vosotros subís y nosotros os empujamos. Luego os seguiremos.

Magali y Mishka miraron a F-F-Foxy entrar en el agua helada.

—¡Ay Ay Ay! F-f-frío! —gimoteó el zorro al cruzar el río sujetando su tabla en una pata y el barco en la otra.

—*¡Qué calor! ¡Qué calor! ¡Qué calor! ¡Es la hora del spa! Bien calentito* —cantó Enrique La Liebre. Se adentró bailando en el agua helada—. *¡Llévame al trópico, colega!*

—¡Venga! ¡Entren todos! —gritó F-F-Foxy.

Rebeco Luc y Puppy Bébé saltaron al agua. La cola del cachorro se movió con tanta fuerza que agitó el agua a su alrededor.

—¿A qué esperas? —dijo F-F-Foxy, manteniendo el barco inmóvil en el agua—. ¡Subid! ¡Los dos!

El rebeco y el perrito entraron en el barco dando tumbos. La parte delantera se hundía en el agua, donde se sentaba Puppy Bébé. La parte de atrás, donde estaba Rebeco Luc, era más alta, pero al menos estaban a flote.

Los ojos del rebeco brillaban mientras miraba a su alrededor.

—¡Vamos!

—¡Sí! ¡Vamos! —burbujeó Puppy Bébé.

F-F-Foxy y Enrique La Liebre soltaron. *¡Wooooooosh!*

El barco robado bajó por el río, llevándose a Puppy Bébé y a Rebeco Luc.

—¡Hurraaaaaa! —gritó Rebeco Luc.

Sentado al frente de su barco, los ojos del cachorro brillaban bajo la luz de la luna.

Los amiguitos observaban cómo el barco amarillo daba vueltas en el agua.

—¿Has visto eso? —señaló Zorrito—. Han hecho un giro de 360 grados. ¡Vamos! —Empujó su tabla.

Con grandes sonrisas, los otros también se pusieron en marcha.

Sujetaban sus tablas contra el pecho y dejaban que el agua helada les mojara la cara, mientras avanzaban río abajo. En segundos, sus cabezas estaban empapadas y tenían el pelaje pegado a la cabeza. Una vez más, parecían haber entrado en la máquina de encoger.

Avanzaron río abajo. Cuando el agua se volvía poco profundo, se empujaban con los pies. Cuando volvía a ser más profundo, dejaban que la fuerte corriente los arrastrara. Cada vez que veían una gran roca, se inclinaban a derecha o izquierda, y cada vez que se encontraban con un gran bache en el agua, se inclinaban hacia él.

—¡Yupiiii! —gritó Zorrito siguiendo al barco

amarillo.

—¡Yup-yup-yup-iiiiii! —gritó F-F-Foxy al cielo nocturno.

—¡Raaaaaaaaaaaadical! —gritó Enrique La Liebre.

Magali se rio, apretando su tabla contra el pecho. Gritó:

—¡Hondonada, Mishka! —Se inclinó hacia delante y sintió cómo su cuerpo se sumergía y rebotaba en el agua—. ¡Yupi! ¡Montaña rusa!

Mishka la seguía, despacio. El agua no dejaba de chapotearle en la cara y en las gafas. Parpadeaba.

Más adelante, Rebeco Luc y Puppy Bébé se balanceaban arriba y abajo en su nueva barca. Daban vueltas y vueltas en los rápidos. Cada vez que pasaban por una hondonada, Rebeco Luc, sentado en la parte de atrás, salía catapultado por los aires. «¡Yupi!» gritaba mientras volaba por los aires. «¡Yipi!» gritó mientras bajaba y aterrizó en el barco. Se reía cada vez que ocurría.

—¡Ja ja ja!

F-F-Foxy pasaba zumbando por el lado derecho del barco. Saludó a sus amigos.

Por el lado izquierdo, llegó Enrique La Liebre, revoloteando y zumbando.

—¡Mírame! —gritó la liebre. Hizo girar su tabla de corteza, moviéndose en semicírculo—. ¡180!

—¡Haz un 360! —gritó F-F-Foxy, tratando de conseguir que su tabla diera vueltas en un círculo completo. Estaba tan concentrado en hacer un círculo que no vio la roca y, en lugar de rodearla, chocó contra ella. *¡Puuuum!*

El barco pasó flotando y Rebeco Luc se giró para ver a F-F-Foxy tumbado contra la roca. El rebeco gritó a Puppy Bébé:

—¡Está lastimado! ¡Para el barco! ¡Para!

Puppy Bébé se puso derecho.

—¡Vale! —burbujeó—. ¿Pero, cómo? —Se le iluminaron los ojos. Metió las patas en el agua y remó hacia un lado.

Usando la boca, Rebeco Luc arrastró el barco hasta el camino del río. El rebeco y el cachorro remontaron el camino hasta donde estaba la roca. Magali y Mishka ya estaban fuera del agua. Miraron a Zorrito y Enrique La Liebre arrastrar el cuerpo sin señales de vida de F-F-Foxy, hasta la orilla.

La pequeña marmota se llevó las patas a la boca.

—¡Oh, no! —susurró ella.

Enrique La Liebre y Zorrito sacaron a F-F-Foxy del

agua y lo tendieron en el suelo.

El grupo se inclinó y se quedó mirando al zorro. No se movía y tenía los ojos cerrados.

—¿Está vivo? —murmuró Magali.

Mishka parpadeó.

—«¡Vas a morir!» ¡Eso es lo que ha dicho el pájaro! —Su nariz rosada se movía en todas direcciones.

Los ojos de F-F-Foxy se abrieron de golpe.

El conejo y la marmota dieron un grito y retrocedieron.

F-F-Foxy se incorporó.

El grupo lo miró fijamente, esperando. El zorro se quedó quieto. No hizo ni dijo nada.

Zorrito puso suavemente la pata en el hombro de su hermano.

—¿Estás bien?

—Sí, sí —dijo F-F-Foxy. Él sonrió.

Los animales fruncieron el ceño.

—¿Seguro que estás bien? —preguntó su hermano.

—Sí, sí, sí —dijo F-F-Foxy.

Enrique La Liebre levantó la pata izquierda.

—Colega, ¿cuántas patas tengo levantadas?

—Una.

El grupo se quedó mirando a F-F-Foxy. Estaba mostrándose demasiado educado, demasiado diferente.

Zorrito apartó a Enrique La Liebre de su camino.

—¿Cuántas patas? Es una pregunta estúpida. La respuesta es una o dos. Cincuenta por ciento de probabilidades.

—¡Pues pregunta tú algo! —dijo la liebre.

Zorrito empujó a Magali delante de F-F-Foxy.

—¿Cómo se llama ella?

Algo cambió. El cuerpo de F-F-Foxy pareció agrandarse, su respiración se hizo más lenta y sus ojos se entrecerraron al mirar la marmota. Le goteaba saliva espumosa de la boca y soltó un gruñido profundo.

—*Grrrrrrrrrrrrrrrrrrrrrrraaaaaaaaaaaaaaa.*

Se lanzó a por la marmota.

—¡Iiiiiiiiiiiiiiiiiiiiiiiiiiiiiii! —chilló Magali a pleno pulmón. Saltó por los aires, aterrizando sobre la espalda de

Rebeco Luc.

Mishka y Enrique La Liebre también saltaron sobre el rebeco.

Los ojos salvajes de F-F-Foxy se volvieron hacia Rebeco Luc.

—*Grrrrrrrrrrrrrrrrrrrrraaaaaaaaaaaaa.*

Zorrito retuvo a su hermano, pero F-F-Foxy avanzó. Puppy Bébé se interpuso para bloquear a F-F-Foxy, ladrando a su amigo.

—*¡Guau-guau! ¡Guau-guau! ¡Guau-guau!*

—¡Corred! —gritó Zorrito a los demás.

Los ojos salvajes de F-F-Foxy se fijaron en los nerviosos animales.

—*Grrrrrrrrrrrrrrrrrrrrrraaaaaaaaaaaaaa.*

—¡Corred! —repitió Zorrito, reteniendo a su hermano—. ¡No sé cuánto tiempo podré retenerlo!

Una voz en lo alto de las copas de los árboles observó al rebeco subir la montaña con el conejo, la liebre y la marmota en la espalda.

—¡Brrrrrrrrrrrrrrr ruppp ruup rupp! ¡Casi muertos! ¡Casi muertos! ¡Brrrrrrrrrrrrrrrr ruppp ruup rupp!

Capítulo 6
A Pescar

—¡Magali! —llamó la madre de la marmota desde la cocina—. ¡Te están llamando!

En su habitación, con una escoba en la mano, Magali miró hacia la entrada de la madriguera.

Su madre volvió a llamar.

—¡Magaliiiiiii!

—¡Ya voy! —gritó, barriendo rápidamente el resto del suelo antes de dejar la escoba en su rincón. Corrió por el largo túnel, iluminado por viejas velas de cera.

Cuando llegó a la cocina, su madre señaló hacia la entrada, por donde entraban unos rayos de sol. Magali frunció el ceño y pasó por delante de los ojos curiosos de su mamá. Subió las escaleras de tierra y asomó lentamente la cabeza.

—¡Magali! —dijo Mishka a pocos metros de distancia.

Enrique La Liebre estaba a su lado.

Magali corrió hacia sus amigos.

—¿Qué hacéis aquí?

—¡Invita a tus amigos a que entren! —gritó la madre desde el interior de la madriguera.

Magali miró a sus amigos.

—¿Queréis entrar a tomar algo?

—No, hemos venido a hablar de rafting —susurró Enrique La Liebre.

Magali gritó a su madre:

—No, ¡está bien!

Se alejaron unos metros de la puerta principal y se agacharon sobre la hierba.

Enrique La Liebre cogió una flor azul y la hizo girar en su pata. Susurró:

—F-F-Foxy me ha dicho que lo disculpes. Olvidó quién era por un momento. Así que, colegas, tenemos que volver esta noche. —La liebre sonrió.

Mishka movió su nariz rosada.

—No sé. Parecía muerto de hambre anoche.

—¡No va a volver a hacerlo! —susurró Enrique La Liebre—. Lo llevaron a ver a Médico Edmundo El Águila y dijo que F-F-Foxy se golpeó la cabeza tan fuerte que perdió la memoria. El tío no se acordaba de quién era. Se llama Amn-algo.

Cuando Mishka oyó «águila», su corazón dio un vuelco. Pero, luego recordó que Médico Edmundo El Águila y su mujer son los médicos voladores y no te comen, al menos no por la noche en un evento deportivo. Pero, Mishka aún no se fiaba de F-F-Foxy.

—¿Y si se vuelve a golpear la cabeza?

Enrique La Liebre se llevó las patas a la cabeza.

—Desde esta noche, todos llevaremos el casco de snowboard. Obligatorio.

Magali miró al suelo. Una mariquita de lunares intentaba esconderse bajo una hoja verde. La marmota la observó, intentando decidir si comérsela o no.

Mishka empujó el hombro de Magali.

—¿Qué te parece?

Magali negó con la cabeza.

—¡Viste su expresión! ¡Le oíste gruñir! Era un gruñido de «te voy a comer». Y le goteaban cosas de la boca. ¡No!

Enrique La Liebre saltó arriba y abajo.

—Ha dicho que lo siente. ¡No se va a comer a nadie!

Magali puso la pata sobre la boca de la liebre.

—¡Shhhhhhh! —dijo, mirando hacia su madriguera.

Efectivamente, la parte superior de la cabeza de su madre asomaba por el agujero de su casa.

Magali señaló con la cabeza su madriguera.

Enrique La Liebre y Mishka miraron y vieron la parte superior de la cabeza de la mamá. Luego, desapareció.

Enrique La Liebre se inclinó un poco más y susurró:

—¡Te lo prometo! Rebeco Luc regresa.

Magali susurró:

—¡No!

Mishka susurró:

—¡Yo tampoco, no!

Los tres miraron hacia la madriguera. Allí estaba de

nuevo, asomando la parte superior de la cabecita.

Enrique La Liebre arrastró a sus amigos más lejos.

—¡Os encanta el rafting! No lo entiendo. Rebeco Luc dijo que os esperaré en el mismo lugar esta noche y os llevaré.

Magali y Mishka se miraron sin decir nada.

Enrique La Liebre miró de la cara de la marmota a la del conejo, una y otra vez durante dos minutos.

Finalmente, Magali sacudió la cabeza.

—No.

La liebre levantó las patas.

—Vale. Vale, colegas. Si no queréis, solo porque tenéis miedo, entonces... ¡vale! —Saludó a la marmota y al conejo. Empezó a alejarse a saltitos y mientras se alejaba dijo: —Zorrito dijo que seríais muy gallinas para volver.

Sshhhhhhhhwiiiiiiiiiiiiiiiiiiisssshhhhhhsssshhhhh.

—¡Yu-piiiiii! —gritó Magali, girando en el agua helada más tarde esa noche.

En el último momento, se había fugado de su madriguera con su casco de snowboard y había corrido al encuentro de Rebeco Luc.

—¿Y Mishka? preguntó Rebeco Luc arrodillándose.

Magali había sacudido la cabeza.

La pequeña marmota maniobró su tabla hacia la izquierda para evitar la roca que se acercaba. *¡Swooosh!* La esquivó. Se sintió como en una máquina gigante que tiraba de ella hacia la izquierda, luego hacia la derecha y después hacia delante.

Algo había cambiado esta noche. Todos habían aprendido a maniobrar sus tablas correctamente. Esquivaban las rocas, se inclinaban y giraban 360 grados. Sus sonrisas eran amplias y sus corazones cantaban. Sus cuerpos giraban, se sumergían y deslizaban.

Descendieron por los rápidos del río, pasando por delante de los árboles de hojas verdes. Pasaron junto al grupo de vacas de la otra noche. Zorrito frunció el ceño al verlas. El grupo continuó río abajo. Pasaron por debajo de un pequeño puente y continuaron aún más lejos.

Ahora estaban en territorio nuevo, una parte del río que no conocían.

—¡Esto es guay! —gritó F-F-Foxy, que se había disculpado ante Magali cuando la vio.

—¡Lo siento mu-mu-mu-mu-muchísimo! —había dicho, arrodillándose—. Me he dado un golpe en la cabeza. ¡Me olvidé de quién era, y me olvidé también de quién eras tú!

Zorrito había dicho:

—Sí, pero podría volver a ocurrir, así que ten cuidado.

F-F-Foxy había pateado a su hermano, que le había devuelto la patada. Los zorros gruñeron, se mordieron y rodaron por el suelo hasta que F-F-Foxy sujetó a su hermano y le dijo «¡Eso no tiene gracia!»

Zorrito dijo:

—Fue un poco divertido.

F-F-Foxy gruñó aún más y Zorrito levantó las patas y dijo:

—Vale, vale, vale. Lo siento.

Entonces, se levantaron de un salto y rojos trozos de pelaje volaron de la cola de Zorrito donde su hermano le había mordido.

—¡Esto es geniaaaaaaal! —gritó Enrique La Liebre en el agua helada, llevando en la cabeza su casco favorito.

—¡F-f-fantástico! —gritó F-F-Foxy.

Él definitivamente llevaba su casco.

Todos llevaban sus cascos especiales, con dos

agujeros para las orejas. Todos, excepto Rebeco Luc. Había dicho «Orejas *y* cuernos. No lo voy a hacer».

—¡Suuuu-per! —gritó Zorrito, inclinándose en una gran hondonada, rebotando y volando en el aire antes de aterrizar de nuevo en el agua blanca y espumosa—. ¡Hurraaa!

—¡Lo mejor! —gritó Magali, sujetando su tabla y balanceando su cuerpo en el agua.

Zorrito señaló a la marmota y gritó:

—¡Ha hecho un giro de 360 grados!

Rebeco Luc y Puppy Bébé iban delante en su barco amarillo. Esta vez, Puppy Bébé se sentaba detrás, lo que evitaba que Rebeco Luc saltara por los aires cada vez que se sumergían.

—¡Que bieeeeen! —burbujeó el cachorro mientras el barco se desplazaba por el río.

A Rebeco Luc se le erizaron las orejas de repente.

—¿Qué es ese ruido? —gritó a Puppy Bébé.

El cachorro lo había oído. Se incorporó.

—No lo sé —dijo, con ojos preocupados.

El sonido era un ruido de agua en movimiento, pero un ruido diferente al del río. Era como un eco de peligro.

Rebeco Luc miró al frente, frunciendo el ceño.

Puppy Bébé se volvió para llamar a sus compañeros que estaban en el agua detrás de él.

—¡Cuidado! ¡Se acerca algo!

—¿Qué? —gritó F-F-Foxy.

—¿Qué ha dicho? —gritó Enrique La Liebre.

Zorrito estaba justo detrás de ellos. Gritó:

—Dijo «¡Cuidado!»

—¿Por qué?

—¡No lo sé!

Magali estaba detrás de todos ellos.

—¿Qué está pasando?

F-F-Foxy gritó a Puppy Bébé:

—¿Qué pasa? —Se agarró fuertemente a su tabla. La corriente era cada vez más fuerte.

De repente, los ojos de Puppy Bébé se agrandaron el doble y los de Rebeco Luc el triple. Los dos animales sintieron que el barco era succionado cada vez más rápido hacia el borde.

—¡Ohhhhh! —gritaron, mientras caían directamente por el borde de la alta cascada.

F-F-Foxy, Enrique La Liebre, Zorrito y Magali no tuvieron tiempo de hacer otra cosa que agarrarse a sus tablas cuando el agua les lanzó por el borde de la cascada. Cayeron al vacío.

—¡Ohhhhhhhhhhhhh!

Las tablas de corteza salieron volando en todas direcciones. Los brazos se agitaban. Las piernas hacían movimientos de bicicleta. Las colas se movían de un lado a otro.

Se cayeron, y se cayeron, y se cayeron.

—¡Ohhhhhhhhhhhhhh! ¡Noooooooooooo!

—¡Brrrrrrrrrrrrrrrrrrr ruppp ruup rupp! rio una voz desde arriba. ¡Caída libre! ¡Caída libre! ¡Brrrrrrrrrrrrrrrrrrr ruppp ruup rupp!

Un poco más tarde...

—¡Dale a este una palmada! ¡Dale en la cabeza! —dijo una voz.

—No pegamos a los pacientes —dijo otra voz—. Y no es un *este*. Es una *esta*.

Magali intentó abrir los ojos, pero no pudo. Pensó: *¿Por qué no puedo abrir los ojos? Estoy tumbada. ¿Por qué* *estoy tumbada? ¿Quiénes son esas voces?*

Se quedó escuchando los ruidos. En el fondo, oyó el ruido del agua al caer y, de repente, jadeó.

—¡Aaaaaaaaaaaaaaah!

Sus ojos se abrieron de golpe y se incorporó.

—¡Está despierto! ¡Él está despierto! —gritó un jabalí, babeando saliva sobre el brazo de Magali.

La pequeña marmota se quedó mirando al jabalí, luego miró a su izquierda y se desmayó.

—¡Dale una bofetada! ¡Dale una palmada en la cara! —Magali oyó la voz del jabalí decir.

—No. No pegamos a los pacientes si no es necesario. Y no es *él*. Es *ella* —Magali oyó la voz del águila decir.

La joven marmota conocía la voz. Tal vez. *¿Médico Edmundo el Águila? ¿O es solamente un águila, preparándose para despedazarme?* Se quedó inmóvil, con la frente sudorosa. Se obligó a respirar más despacio. Inspiró profundamente.

Con los ojos cerrados, siguió escuchando los ruidos: el murmullo del agua, las hojas de los árboles encrespadas, el repiqueteo de los pies al correr, las voces de diferentes animales llamándose entre ellos. Luego, Magali oyó una voz en particular.

—¡Quita tus manos de encima, colega! He dicho que me quites las manos de encima. No me pasa nada. ¡Fuera! ¡Fuera!

—Estamos intentando ayudarte. Te has hecho daño —dijo la voz de un ciervo.

—¡No me he hecho nada! ¡Aléjate de mí, colega! —dijo la liebre.

Magali abrió los ojos. A su izquierda, Médico Edmundo El Águila la observaba. A su derecha, dos orificios nasales, húmedos del jabalí, la miraban.

Rebeco Luc se acercó trotando. Llevaba un grueso vendaje sobre el cuerno derecho.

—¿Qué ha pasado? —preguntó Magali, mirando a los nuevos animales de la ribera. Estaba el jabalí babeante, Médico Edmundo El Águila, un ciervo, un erizo y un tejón—. ¿Qué ha pasado? —repitió, y tocó su casco. Seguía abrochado.

Rebeco Luc señaló el río con la cabeza.

—Nos caímos por la cascada. Estos animales nos salvaron, menos mal.

—¿Qué?

—Nos caímos por la cascada…

—Te he oído. Quiero decir… —dijo Magali,

poniéndose de pie— ¿quiénes son estos animales?

—¡Somos Los Campeones del Río! —dijo el jabalí sacando el pecho.

—¿Los Campeones del Río? —dijo Magali frotándose la pierna dolorida.

—¡Así es! ¡Somos Los Campeones del Río!

El tejón, el ciervo y el erizo asintieron.

F-F-Foxy se acercó trotando.

Magali sonrió al ver que los zorros, la liebre y el cachorro se acercaban. Se pusieron en fila y se sacudieron el agua del pelaje. Sacudo, sacudo, sacudo.

La marmota parpadeó. Señalando al águila, dijo:

—¿Qué hace aquí Médico Edmundo El Águila?

—Nuestro amigo está aquí para la competición —dijo el rebeco.

—¿Qué competición?

—La que vamos a ganar —dijo Zorrito.

El jabalí, el tejón, el ciervo y el erizo se rieron.

—¡Ja, ja, ja! ¡Qué gracioso! —dijo el jabalí—. Ni siquiera sois capaces de superar una cascada. Si no fuera por nosotros, ya estaríais arrastrados por el río.

¡Ja, ja, ja!

—¡Mentira! —dijo F-F-Foxy al jabalí que reía.

—¡Ja, ja, ja! —El jabalí sacudió su largo hocico a F-F-Foxy—. ¡Tuvimos que pescarte! —Olfateó a Zorrito—. ¡Y a ti! —Olfateó a Enrique La Liebre—. ¡A ti también! —Levantó el hocico en el aire—. ¿Os creéis rafters? ¡No sois rafters! Por favor. Jugáis al rafting. Nosotros somos rafters profesionales. ¿Ves ese tramo de agua? Corremos todo ese trayecto hasta el puente, en menos de un minuto. Lo hacemos en cincuenta y nueve segundos. —El jabalí sacó el pecho.

—¡Sí! ¡Cincuenta y nueve segundos! —aclamaron sus compañeros de equipo detrás de él.

Enrique La Liebre dio un saltó delante.

—Como quieras, colega. Os lo demostraremos. ¡Nos vemos aquí la noche de la competición!

El jabalí miró a la liebre.

—¡Muy bien!

—Colega, vas a quedar muy mal la noche de la competición —dijo la liebre—. Venga, colegas. Vámonos. —Hizo un gesto a su grupo para que lo siguieran.

Zorrito se burló de Los Campeones del Río.

—¡Vais a probar el sabor de perder! ¡A lo grande!

F-F-Foxy dijo:

—¡Sí! ¡A lo grande!

Magali y Zorrito se subieron a la espalda de Puppy Bébé. Los otros dos saltaron encima de Rebeco Luc.

Mientras se alejaban por el camino, el jabalí gritó tras ellos:

—¡Os hemos salvado la vida! Y ni siquiera podéis dar las gracias.

Magali se volvió y miró al jabalí y a Médico Edmundo el Águila.

—¡Muchas gracias!

Puppy Bébé no se dio la vuelta, pero burbujeó:

—¡Gracias!

Rebeco Luc hizo lo mismo.

—Gracias, caballeros. ¡Lo agradezco!

Magali esperó a que F-F-Foxy, Zorrito y Enrique La Liebre le dieran las gracias, pero no lo hicieron. Magali les llamó:

—¿No queréis decir nada?

—¡Gracias, Los Perdedores! —gritó Enrique La Liebre—. Os vamos a ganar, pero a lo grande. ¡Ya lo veréis!

—¡Brrrrrrrrrrrrrrrrrrr ruppp ruup rupp! ¡Gracias, Los Perdedores! —imitó una voz desde las copas de los árboles—. Os vamos a ganar, pero a lo grande. ¡Brrrrrrrrrrrrrrrrr ruppp ruup rupp!

Capítulo 7
¡Sí, Señor!

Sshhhhhhhwiiiiiiiiiiiiiiiiiisssshhhhhssshhhhh.

La noche siguiente en el río, los amigos estaban en modo zumba. F-F-Foxy perseguía su cola dando vueltas. Zorrito ladraba al ruido del agua. La cabeza de Puppy Bébé se movía de arriba abajo mientras miraba a Enrique La Liebre saltar arriba y abajo.

La liebre cantaba:

—*¡Vamos a ganar! ¡Ganar! ¡Ganar! ¡Ganar!*

Rebeco Luc, que aún llevaba su vendaje en el cuerno, parecía diferente esta noche. Estaba más derecho, más delgado y más fuerte.

—Compañeros, ¡no podemos perder tiempo! ¡Si queremos ganar mañana, tenemos que entrenar duro esta noche!

—¡Bien dicho, colega!

Zorrito se acercó para colocarse al lado de la liebre.

—¡Sí!

F-F-Foxy dejó de correr detrás de su cola.

—¡Sí!

Puppy Bébé burbujeó:

—¡Eso es!

Rebeco Luc miró a Magali.

La marmota dijo:

—Yo nunca dije que iba a participar en esta competición.

—¡Muy bien! —dijo Zorrito—. Si eres demasiado gallina…

Magali señaló la corriente.

—¡Anoche pasamos por una cascada!

—¿Y? Yo estaba ahí —dijo Enrique La Liebre—. Y por eso tenemos que entrenarnos como se debe. —Señaló a Rebeco Luc—. ¡Con nuestro entrenador!

El rebeco se puso derecho y dijo:

—Así es. ¿Estás con nosotros o no, Magali?

—¿Con nosotros o no, gallina? —dijo Zorrito.

¡Paf! F-F-Foxy golpeó a su hermano.

Magali miró al suelo.

—A mi padre no le gustaría... —Se frotó la parte calva del trasero, del tamaño de una cereza—. ...pero, me apunto.

Rebeco Luc se pavoneó arriba y abajo y dijo:

—Compañeros, os voy a cronometrar. Lo vais a hacer una y otra vez hasta que tengáis la velocidad adecuada. ¡Todos al barco!

La liebre fue el primero en saltar al río. Cantó:

—*¡Ola de calor, corazón, eres una ola de calor! ¡Me fundo en mi ola de calor!*

Los animales se metieron en el río y mantuvieron el barco quieto para que Puppy Bébé subiera primero.

El cachorro se sentó detrás, manteniendo el barco anclado.

Luego subió la liebre. Se sentó delante, a la izquierda.

Magali subió detrás de él.

—Creía que habíamos perdido el barco anoche.

—Volvieron a por él —dijo F-F-Foxy, sentándose delante, a la derecha.

Zorrito mantenía el barco inmóvil en el agua turbulenta.

—¡Brrrrrrrrrrrrrrrrrr ruppp ruup rupp! ¡Por poco os morís! ¡Por poco os morís! ¡Y ahora, vais a morir de verdad! Brrrrrrrrrrrrrrrr ruppp ruup rupp! —rio la voz desde arriba.

Magali miró hacia los árboles y gritó:

—¿Dónde estás?

—¡Silencio! —gritó Rebeco Luc desde la orilla. —No podemos distraernos. ¡Concentraos!

—¡Los perdedores! ¡Los perdedores! ¡Los perdedores! —canturreó la voz del árbol—. ¡Brrrrrrrrrrrrrrr ruppp ruup rupp!

El rebeco grito:

—¡Preparaos! Trabajen en equipo. Cuando yo diga «¡Izquierda!», os inclináis a la izquierda. Cuando yo diga «¡Derecha!», os inclináis a la derecha. Cuando diga «¡Remad!», las patas en el agua, por favor. ¿Entienden?

—¡Sí! —gritaron los animales.

—¿Sí, qué?

—¡Sí, Señor!

—¿Listos? ¡Adelante!

El pequeño zorro saltó al barco, detrás de su hermano, y se pusieron en marcha.

El barco empezó a deslizarse hacia la izquierda.

—¡Ohhhhhh! —exclamó Magali, mirando la orilla del río cada vez más cerca—. ¡Nos vamos a chocar!

La liebre y la marmota pusieron las patas en el agua para apartar los árboles que venían hacia ellos. De repente, el barco dio una vuelta completa y aterrizó de nuevo en medio del río.

—¡Oh, no! —dijo la marmota, mirando hacia la roca. Se agarró al barco.

Enrique La Liebre gritó:

—¡Yupi!

El agua blanca y espumosa le golpeaba en la cara. Su cabeza, tan pequeña, parecía que iba a quebrarse bajo el peso del casco.

F-F-Foxy gritó a la liebre:

—¡Estás demasiado delgado para comerte!

—Eso no es chistoso. ¡De todos modos, las reglas de la noche, colega! *¡Nada de comer otros animales por la noche!*

—¡Lo sé! De todas f-f-formas, ¡estás demasiado delgado! ¡Pareces una rata! ¡Ja, ja, ja!

Magali miró a F-F-Foxy. Se mordió el labio inferior, recordando la mirada hambrienta de la otra noche. Respiró profundamente. Entonces, se dio cuenta de que Zorrito se la estaba comiendo con ojos hambrientos.

La marmota devolvió la mirada al río. Avanzaron a toda velocidad.

—¡Guauuuuuuuu!

Puppy Bébé movió la cola y aulló.

—*¡Aaaaaaaaaaooouuuuuuuuuuu!*

Los zorros también.

—*¡Aaaaaaaaaaooouuuuuuuuuuu!*

El barco corría cada vez más rápido.

—¡Más despacio! —gritó el rebeco, corriendo por la orilla—. ¡Hay una gran roca que se acerca! ¡Frenen!

—Oh no —dijo Magali, agarrándose al barco.

—¡Ay-yay-yaaay! —gritó Enrique La Liebre, mientras

corrían hacia la roca.

—¡Girad! ¡Girad! —gritó Rebeco Luc.

No giraron.

Pasaron por encima de la roca y cada animal salió volando por los aires. Muy, muy, muy alto, y luego volaron para abajo, abajo, abajo. Aterrizaron en el agua, uno tras otro. *¡Plaf! ¡Plaf! ¡Plaf! ¡Plaf! ¡Plaf!*

El barco vacío corrió río abajo.

El grupo estupefacto se sentó entre remolinos de agua blanca y espumosa.

F-F-Foxy fue el primero en hablar.

—Vaya, ¡ha sido alucinante!

—¡Excelente! —sonrió Enrique La Liebre.

—¡Vosotros dos, id a por el barco! —ladró Rebeco Luc, empujando dos tablas de corteza al agua.

F-F-Foxy y la liebre nadaron hasta las tablas y se lanzaron río abajo.

—¡Sí, señor!

Rebeco Luc ladró a los demás:

—¿Qué hacéis ahí sentados? ¡Salgan del agua!

Cuando F-F-Foxy y Enrique La Liebre volvieron con el barco, Rebeco Luc se había transformado completamente en un tipo del ejército, gritando órdenes y diciendo cosas crueles.

—¡Sois débiles! ¡Sois débiles individualmente y sois débiles como grupo! Voy a cambiar eso. ¡Fuerza! ¡Necesitáis fuerza en la parte superior del cuerpo! ¿Cómo vais a bajar ese río en menos de cincuenta y nueve segundos si no tenéis fuerza?

Magali puso los ojos en blanco.

—¡Magali! —gritó el rebeco.

La marmota saltó a cinco centímetros del suelo.

—¡Sí, señor!

—¿Quieres decir algo?

—¡No, señor!

—Eso es lo que pensaba. Ahora, ¡flexiones! —ladró Rebeco Luc. —¡Quiero veinte flexiones! ¡Al suelo!

El cachorro y Magali se arrodillaron lentamente en la tierra y estiraron los brazos. Pero Enrique La Liebre y los zorros se tiraron al suelo.

—¡Uno! —ladró Rebeco Luc.

La cara de Magali se torció. Sus brazos empezaron a

temblar. Soltó un enorme suspiro y cayó al suelo.

—¡Dos! —gritó Rebeco Luc.

El grupo volvió a empujar hacia arriba.

Magali emitió un sonido extraño.

—*¡Heeerrrrrruupppppp!*

—¡Tres! ¡Cuatro! ¡Cinco! ¡Seis! ¡Siete! ¡Ocho! ¡Nueve! ¡Diez!

A las diez, Magali se revolcó en el suelo, mirando al cielo nocturno. El sudor le caía por la frente. Dijo:

—No siento los brazos.

—¡Brrrrrrrrrrrrrrrrrr ruppp ruup rupp! —rio la voz desde arriba. —¡Marmota débil! ¡Marmota débil!

Rebeco Luc continuó con las flexiones.

—¡Once! ¡Doce! ¡Trece! ¡Continúa! ¡Catorce!

Enrique La Liebre miraba a F-F-Foxy, asegurándose de que empujaba hacia arriba tan rápido como él.

El zorro también miraba a la liebre. Cuando Rebeco Luc gritó «¡Dieciocho!», F-F-Foxy levantó una pata del suelo e hizo la flexión sobre una sola pata.

—¡Diecinueve!

Enrique La Liebre también se levantó con un solo brazo. El sudor le caía por la frente.

—¡El último… ¡Veinte!

—*Grrrrrrrrrr.* —F-F-Foxy gruñó mientras empujaba sobre una pata.

—*Ahhrrrrrrrrrrr.* —Enrique La Liebre apretó los dientes mientras empujaba hacia arriba con una sola pata.

—¡Fin! —gritó el rebeco.

El zorro y la liebre se desplomaron.

—¡Brrrrrrrrrupp - uppppp -uppppp! ¡Lamentable! ¡Lamentable! ¡Lamentable! Brrrrrrupp - uppppp - uppppp!

—¡Los Sprints! —gritó Rebeco Luc. Hizo correr al grupo por la orilla del río.

—¡Abdominales! —ladró Rebeco Luc. Ordenó que los amigos hicieran veinte abdominales.

—¡Flexiones! — gritó.

—¿Otra vez? —burbujeó Puppy Bébé.

—¡Silencio! ¡Al suelo!

Cuando terminaron, Rebeco Luc gritó:

—Enseñarme cómo os sentáis en el barco. Aquí, al suelo.

En la ribera, se subieron al barco. El cachorro se sentó detrás, Enrique La Liebre delante a la izquierda, Magali detrás, F-F-Foxy delante a la derecha y Zorrito detrás. Miraron a su entrenador.

—¡Bien! Ahora, cuando yo diga: «¡Remad todos!», todos os inclináis y remáis con las patas, excepto Puppy Bébé. Cuando diga: «¡Remad a la izquierda!», ¿quién rema?

Zorrito levantó el brazo.

—¡No! Tú estás a la derecha —gritó Rebeco Luc—. ¿Vale?

El grupo asintió.

—Bien, vamos a practicar. Imaginaros que estáis todos en el agua. ¡Vamos!

Los animales se inclinaron instintivamente hacia delante y empezaron a balancearse por el camino del río.

—¡Inclinaros a la derecha! —gritó Rebeco Luc.

Se inclinaron hacia la derecha, salvo Zorrito. Se inclinó hacia el otro lado.

—¡He dicho que a la derecha!

Zorrito movió su cuerpo hacia el otro lado.

—¡Inclinaros a la izquierda!

Los animales se inclinaron hacia la izquierda, todavía balanceándose arriba y abajo en el agua imaginaria.

—¡Remad a la izquierda!

Magali y Enrique La Liebre se inclinaron y remaron en el aire.

—¡Remad a la derecha!

Los zorros remaron hacia su lado.

—¡Remad todos!

Los cuatro remaron.

—¡Excelente! —gritó el jefe.

Magali levantó la vista con una sonrisa de alivio.

—¡Formáis un buen equipo! —Rebeco Luc asintió con la cabeza mientras se pavoneaba de un lado a otro—. Juntos podemos hacerlo. Ahora, ¡al agua!

Pasaron el resto de la noche subiendo y bajando por su tramo del río, remando a la izquierda, remando a la derecha, remando todos, inclinándose a la izquierda e inclinándose a la derecha. Lo hicieron una y otra vez hasta que aprendieron a trabajar en equipo.

Rebeco Luc corría a su lado por el camino cada vez, y contaba los segundos.

—Un minuto y treinta segundos. No es lo bastante rápido. ¡Otra vez!

Volvieron a intentarlo.

—Un minuto y veinticinco segundos. Todavía no es lo suficientemente rápido. Remad más rápido.

El grupo de mojados se arrastró fuera del agua por décima vez.

Magali se tumbó en el suelo. Exhaló un suspiro y dio una patada a un trozo de corteza viejo. Inclinó la cabeza y miró la corteza.

—Necesitamos nuestras tablas para remar —dijo la marmota.

Los chicos la miraron.

Magali mostró la corteza y repitió:

—Tenemos que usar nuestras tablas de corteza para remar más rápido. No con las patas.

A Zorrito se le iluminó la cara.

—Tiene razón. ¡Usemos las tablas!

Rebeco Luc sonrió.

—¡Excelente idea, Mademoiselle! Se volvió hacia los demás—. ¡Busquen sus tablas!

—¡Remad todos! —gritó el rebeco cuando el grupo estaba de nuevo en el agua.

Los cuatro se pusieron a remar lo más rápido que pudieron. Grandes sonrisas aparecieron en sus caras porque podían sentir la velocidad del barco, y podían sentir que lo controlaban mejor.

—¡Esto es bueno! —gritó F-F-Foxy por encima del ruido del agua—. ¡Está f-f-funcionando!

—¡Ya! ¡Volved! — El patrón llamó al grupo.

Los zorros remaron hasta que el barco llegó a la orilla del río. Miraron hacia el rebeco.

Rebeco Luc se mantenía con la cabeza alta.

—¡Un minuto y cinco segundos!

Los hombros de los animales se cayeron.

—No os desaniméis. Compañeros, estáis progresando, muy bien. ¡Creedme! ¡Mañana por la noche haremos cincuenta y ocho segundos!

Con su delgado brazo, Enrique La Liebre dio un puñetazo en el aire.

—¡Sí!

Puppy Bébé aulló, moviendo la cola.

—*Aaaaaaaaaaooouuuuuuuuuuuuuuuuuuuuuuuuuui.*

Aullaron los zorros.

—*Aaaaaaaaaaooouuuuuuuuuuuuuuuuuuuuuuuuuuuui.*

Magali rio y aplaudió con sus patas cansadas.

—¡Vamos a ganar! —dijo sonriendo a las estrellas.

—¡Os vais a morir! ¡Brrrrrrrrrrrrrrrr ruppp ruup rupp! —rio la voz—. ¡Morir! ¡Morir! ¡Morir! ¡Brrrrrrrrrrrrrrrr ruppp ruup rupp!

Capítulo 8
Equipo Los Colegas

—Es mediodía y te estás quedando dormida en la mesa del comedor. ¿Por qué estás tan cansada, Magali? —preguntó la tía de la joven marmota.

—No estoy cansada —dijo Magali bostezando.

—Sí que lo estás.

—No. No lo estoy.

—Si tú lo dices. —La tía cogió el bol de madera—. ¿Quién va a querer el último saltamontes?

Magali negó con la cabeza.

La madre de Magali también negó con la cabeza.

—Cómetelo tú —dijo a su hermana.

Princesa se metió el saltamontes crujiente en la boca y salió del comedor. Mientras se iba, lanzó una mirada cómplice a la madre de Magali.

La mamá asintió. Miró a su hija.

—¿Hay algo que quieres decirme, Magali?

—No.

—Porque últimamente parece que estás soñando mucho despierta.

—Soñar es una buena cosa —dijo Magali, tratando de contener un nuevo bostezo.

La madre rodeó la mesa y puso la pata en el hombro de su hija.

—Puedes contar cualquier cosa a tu padre y a mí.

—Ya lo sé.

—Porque no queremos tener más secretos en esta madriguera.

Magali asintió.

—No queremos que sientas que tienes que ocultarnos nada, como hiciste la última vez —continuó la madre.

—¡Yo no he ocultado nada! ¡Ya os lo he dicho! ¡Me echaron de la madriguera! —dijo Magali. Se puso de pie—. ¿Puedo irme?

—Tú crees que yo no lo sé.

La pequeña marmota se quedó paralizada.

—Sé que sigues durmiendo con tu muñeca —dijo la mamá. Se sonrió—. No pasa nada. Todos los niños necesitan una muñeca.

Magali soltó un gran suspiro.

—Sí —dijo, saliendo de la habitación.

—Magali.

La joven se dio la vuelta lentamente. Su madre tenía la escoba de madera en la mano.

Magali bajó los hombros.

—¿De veras? ¿Tengo que hacerlo?

—Esta habitación, el salón, la habitación de tu padre y la mía, la de tus tíos, la tuya, el despacho y la cocina.

La madre puso la escoba en las patas de su hija. Sacudió la cabeza al recordar aquella noche de invierno cuando ella y su marido descubrieron que Magali había desaparecido de su cama. Giró los ojos hacia el techo y rezó en silencio. *Menos mal que eso no volverá a ocurrir.*

Magali llamó a su madre.

—¡Mamá!

—¿Sí?

—Cuando termine de barrer, ¿puedo ir a ver a Mishka? Se me olvidó decirle una cosa.

La madre frunció el ceño.

—¿Estás segura de que no quieres decir nada a *mí*?

—Nada.

—¿Pero tienes que decirle algo a tu amigo, el conejo?

—Sí.

La mamá suspiró.

—Bueno, regresa a tiempo para la cena.

Aquella noche, Magali se paró al lado de su cama de corteza, inclinando la cabeza y escuchando.

—Zzzzzzz zzzzzzzzzzzzzzzzz.

Ese era su padre durmiendo. Magali volvió a escuchar.

—*Ahrrrrrr, tszooooooooooo. Arrrrrr, tszooooooooooo.*

Eso eran los ronquidos de su madre.

Magali se puso el casco y avanzó de puntillas por el largo túnel de la madriguera. Pasó por delante del dormitorio de sus padres, el comedor, el levadero, el despacho, la habitación de sus tíos y siguió por el túnel hasta la cocina. Allí, se quedó de puntillas. Inclinó la cabeza. *¿Un ruido?* Olfateó el aire. Se quedó inmóvil. *¿Había alguien respirando?* Miró a su alrededor. No había nada. Se acercó de puntillas a las escaleras de tierra y estiró la mano para abrir la trampilla.

Tip tap, tip tap, tip tap.

La joven marmota se dio la vuelta, mirando a través de la oscuridad.

Su tía atravesó la cocina con una cereza medio comida en la mano. Se acercó a Magali.

Magali empezó a sudar y su corazón palpitó a mil por hora. Su tía se puso delante de ella. La pequeña marmota esperó, pero su tía sólo la miraba. Magali frunció el ceño. Lentamente agitó la pata delante de la cara de su tía. Su tía no se movió ni parpadeó. Y de repente, su tía se alejó arrastrando los pies, cruzando la cocina y volviendo por el túnel hacia su dormitorio. La joven marmota soltó un larguísimo suspiro.

—¡Ufffffffffffffffffffff!

Salió de la madriguera, a la noche fría.

Poco después, sentada sobre la espalda del rebeco, Magali le preguntó:

—¿Qué pasa?

El rebeco había dejado de correr por el bosque. Inclinó la cabeza.

—¿Oyes eso?

Las orejas de Mishka se levantaron. También las de Magali.

¡Voces! Montones y montones de voces excitadas que venían del río.

—¿Son ellos? —preguntó Mishka, sentado detrás de Magali.

Magali asintió.

—Ya verás, Mishka. Es una competición muy grande y los animales vienen de todas las regiones. ¡Va a ser alucinante!

—¿Alucinante?

—Sí, ¡extremo!

—Vaya —dijo Mishka, arreglándose las gafas—. Bueno, me alegro de haberme decidido a venir a apoyarte en tu competición totalmente alucinante y extremo.

De repente, oyeron a lo lejos una voz familiar.

—¡Colegas, por favor! Pero si vosotros no tenéis ninguna posibilidad. —Luego la voz cantó—. *Soy un ganador, ganador ganador. Tú eres un perdedor, perdedor, perdedor.*

Rebeco Luc empezó a correr de nuevo, pasando por encima de las hojas caídas en el suelo del bosque.

Acercando al río, animales del bosque empezaron a aparecer por todas partes.

Primero, un jabalí atravesó los árboles.

—¡Buenas noches! ¿Vais a la carrera?

—Sí.

—¡Nos vemos entonces! —El jabalí pasó corriendo.

Dos búhos pasaron volando por el lado de la cabeza del rebeco.

—¡Buenas noches! ¡Nos vemos allí!

Dos ciervos con enormes cuernos se acercaron.

—¡Hola! ¿Os presentáis a la carrera?

Rebeco Luc asintió.

—¡Buena suerte! —dijeron y siguieron hacia el río.

Mientras observaba una serpiente verde que se deslizaba junto a las pezuñas del rebeco, Mishka dijo:

—¿Todos estos animales también participan en la competición?

—No estoy segura. ¡Pronto lo sabremos! —dijo Magali.

Sshhhhhhhwiiiiiiiiiiiiiiiiiisssshhhhhssshhhhh.

A orillas del río, Rebeco Luc, Magali y Mishka se quedaron escondidos entre los árboles, observando la escena animada. Jabalís, liebres, ciervos, tejones, zorros, castores, comadrejas, ranas, conejos, erizos, e incluso un cerdito, se reunían en la ribera, charlando y riendo. Hasta las vacas, al otro lado del río, parecían un poco más animadas que de costumbre.

—Vamos —dijo Rebeco Luc, guiando a Magali y a Mishka fuera de los árboles.

Pasaron junto a una fila de animales.

—¡Eh! ¿Participáis en la competición? —dijo un tejón.

Asintieron.

—Poneros en la cola. Tenéis que conseguir vuestro número de registro.

—De acuerdo. Gracias —dijo Rebeco Luc.

Se pusieron en la cola. Los ojos de la marmota se pusieron muy grandes al ver al búho que estaba al frente. Su afilado pico brillaba a la luz de la luna.

El sudor corrió por la cara de la marmota que respiraba hondo para tranquilizarse. *Es de noche. No se comen animales por la noche.* Exhaló un largo suspiro. Miró a su alrededor, intentando distraerse.

Había un grupo de jabalíes gordos y peludos cantando «*¡Ganar! ¡Ganar! Ganar!*», un grupo de ranas saltando unas sobre otras y un grupo de comadrejas cantando «*¡Viva el rafting!*»

—¡Siguiente! —gritó El Búho.

Rebeco Luc, Magali y Mishka se pusieron al frente de la cola.

El Búho ni siquiera los miró, estaba demasiado ocupado mirando los números de su hoja.

—¿Cómo se llama tu equipo?

—¿Cómo dice, compañero? —dijo Rebeco Luc.

—¿Cómo se llama tu equipo?

Magali no podía quitar los ojos del afilado pico del búho. Volvió a sudar.

Rebeco Luc se encogió de hombros.

—¡Los Colegas! —dijo Enrique La Liebre, acercándose a toda prisa.

—Los Colegas —dijo El Búho mirando su hoja—. Sí, equipo Número Veinte. La presentación será dentro de diez minutos. ¡Siguiente! —El búho levantó el ala y los despidió.

La liebre saludó a sus amigos con un beso en cada mejilla.

—¡Vámonos! Los demás nos esperan. ¡Seguidme!

Pasaron junto a los jabalíes, que seguían cantando *«¡Ganar! ¡Ganar! ¡Ganar!»*

Enrique La Liebre les cantó:

—*¡Perder! ¡Perder! ¡Perder!* —Y entonces, vio a las ranas y se echó a reír—. ¿Qué van a hacer ellas? ¿Nadar por el río? ¡Ja, ja, ja!

—¡Tenemos una tabla! —gritó una de las ranitas. Extendió su largo y huesudo dedo para señalar su tabla de corteza.

—¿Seis ranas en una tabla? ¡Vaya! ¡Buena suerte! —rio la liebre continuando por la orilla del río.

Pasaron junto a los animales que vieron en la cascada: el jabalí, el tejón, el erizo y el ciervo.

Magali los saludó.

—¡Buena suerte!

Enrique La Liebre bajó el brazo de la marmota.

—¡Eh! ¡Eh! ¡Eh! ¿Qué haces?

—Les deseo buena suerte.

—¡Son los enemigos! —dijo la liebre.

—Los enemigos que nos salvaron la vida la otra noche.

Enrique La Liebre miró fijamente a la marmota. —¡Tenemos que ganar, Silbadora! —La condujo hasta que vieron a Puppy Bébé, Zorrito y F-F-Foxy. Estaban vigilando el barco.

Los ojos de F-F-Foxy bailaban. Dijo:

—¡Hay que ganar esta noche!

Magali se quedó paralizada y se le erizó el pelaje. Miró a Mishka. Él también se había quedado inmóvil.

Enrique La Liebre dio un codazo a sus dos amigos.

—Tranquilos. Es él. —Señaló al búho del registro—. Reglas nocturnas. Tranquilos.

El Búho voló en círculos. Gritó:

—¡Por favor! ¿Pueden prestarme su atención, por favor?

Los animales de la ribera dejaron de bailar y cantar. Hasta las vacas del otro lado del río dejaron de comer. Todos levantaron la vista.

—¡Gracias por vuestra participación en nuestra competición anual de rafting! —gritó El Búho.

Los jabalíes resoplaban, las ranas saltaban, los zorros corrían detrás sus colas, los erizos levantaban sus picos, los conejos meneaban sus colas, y los ciervos, y los rebecos zapateaban sus pezuñas. Y Magali aplaudió, riendo al ver cómo los animales animaban.

—¡Yup yup yupiiiiiii!

—¡Hurra!

—¡Viva el rafting!

—*¡Aaaaaaaaaooouuuuuuuuuuuuuuuuuuuuuuuuuuuuu!*

El Búho gritó sus instrucciones:

—Esta noche participan veinte equipos. Lo que significa cinco carreras. Os metéis en el agua, cuatro equipos a la vez, y os cronometramos. Hacemos esto cinco veces hasta que cada equipo haya pasado. El equipo que llegue con el tiempo más corto, gana. ¿Están listos?

—¡Hurraaaaaaa!

—¡Claro que sííííí!

—¡Listo, tío!

—¡Iiiiiiiiiiiiiiiiiiiiiii!

—¡Vamos!

—¡Sí, sí, sí!

Enrique La Liebre saltó arriba y abajo tan rápido como pudo.

—*¡Vamos! ¡Vamos! ¡Vamos!*

F-F-Foxy dio vueltas corriendo detrás de su cola tan rápido que Magali pensó que se desmayaría.

Zorrito saltó de la espalda de Puppy Bebé a la de Rebeco Luc, y viceversa.

Hasta Mishka estaba entusiasmado. Sus ojos azules parpadeaban a doble velocidad a través de las gafas.

—Compañeros, somos el último equipo. Estaremos en la carrera Número Cinco —dijo Rebeco Luc, llamando al grupo para que se reuniera—. Escuchadme. Acordaos del entrenamiento. Cuando yo grite «Remad a la izquierda», sois vosotros. —El rebeco asintió a la marmota y la liebre—. Cuando yo grite «Remad a la derecha» sois vosotros. —Señaló con la cabeza a los zorros—. Puppy Bébé, tú usas tu peso para mantener el barco en el agua y en el centro. ¿Lo habéis entendido todos?

—¡Sí, señor!

—Bien, vamos. Observaremos a los demás y aprenderemos de ellos antes de que sea nuestro turno. Mucha suerte, caballeros y Mademoiselle. ¡A ganar esta competición!

Enrique La Liebre sacó pecho y dijo en voz alta para que todos los animales pudieran oírlo:

—No necesitamos suerte. ¡Vamos a enseñarles a estos perdedores lo que es ganar!

Capítulo 9
Adrenalina Del Río

Las estrellas centelleaban y la luna brillaba, iluminando a los participantes, a los espectadores y al río.

Zorrito señaló al equipo de ranas que se alineaba en el agua para la primera carrera.

—¡Ja, ja, ja! Míralos, ¡son demasiado flojitos! No pueden mantener la tabla quieta en el agua. Je, je, je. ¡Qué chistoso!

Las seis ranas trataron de evitar que la fuerte corriente se llevara su tabla.

Zorrito las llamó:

—¡Eh! ¡Equipo de gigantes! ¡Buena suerte! Os va a hacer falta. Ja, ja, ja. ¡Qué gracioso!

Las ranas ignoraron a Zorrito.

Al lado de las ranas estaba el equipo de castores, A Que No Me Pillas. Luego había el equipo Conejos Cohetes, y por último el equipo Resplandezca Mezcla; una mezcla de ciervo, conejo, jabalí y un águila.

—¿Y el águila? — preguntó Zorrito señalando—. ¿Qué va a hacer? ¿Volar río abajo? ¡Eso no es hacer rafting! ¡Ja, ja, ja!

—No lleva casco —dijo Enrique La Liebre, mirando al águila—. Debería ser descalificado. Las ranas también.

El Búho voló en círculos por encima del agua.

—Buena suerte a todos. ¡Que gane el mejor equipo! ¿Estáis preparados? Uno... Dos... Tres. ¡En marcha!

El Búho batió sus poderosas alas y los equipos se lanzaron río abajo.

Los animales de la orilla corrían, siguiendo a los competidores.

—¡Vamos, Equipo Castores!

—¡Venga, Las Ranas!

—¡Anda, La Resplandezca Mezcla!

—¡Corre, Conejos Cohetes!

Al otro lado del río, las vacas gordas los observaban, con la hierba medio masticada, colgando de sus bocas mojadas. Arriba, El Búho seguía a los competidores.

Los cuatro equipos empezaron con fuerza, bajando por el agua turbulenta, pero las ranas fueron las primeras en caer. Su tabla chocó contra una ola y las lanzó por los aires. Doce patas y brazos de rana se estiraron mientras volaban.

Zorrito señaló y rio desde la orilla.

—¡Ja, ja, ja!

Las ranas eran tan ligeras que salieron volando al otro lado del río, ¡y una aterrizó en la cara de Zorrito! *¡Plof!* La pegajosa rana se agarró a la peluda cara, pegándose sobre sus ojos, nariz y boca.

—Gracias —dijo la rana—. Vaya aterrizaje más suave.

Zorrito giró en círculos con su cuerpo de zorro y su cara de rana. Agitaba los brazos y sacudía la cabeza a derecha e izquierda, intentando quitarse la rana de encima. Pero, la rana se había agarrado firmemente.

Zorrito intentó hablar, pero la rana le tapó la boca.

Su voz salió entrecortada.

—¡No puedo ver! ¡Suéltame! ¡Qué asco, por favor! —Levantó una delgada y viscosa pata de rana de su ojo, y la patita se estiró como plastilina.

Enrique La Liebre dio un saltito, riendo y señalando al zorro.

—¡Ja, ja, ja! ¡Ja, ja, ja!

Al lado de la liebre, F-F-Foxy se reía tan fuerte que no le salía ningún sonido.

—¡Brrrrrrrrrrrrrrrr ruppp ruup rupp! —rio la voz del árbol. —¡Cara de rana! ¡Cara de rana! ¡Brrrrrrrrrrrrrrrr ruppp ruup rupp!

En el río, el equipo Conejos Cohetes iba en cabeza.

Los animales en la orilla gritaban:

—¡Vamos! ¡Vamos! ¡Vamos!

Justo en ese momento, el equipo Conejos Cohetes chocó contra una ola y su barco voló por los aires.

—¡Ohhhhhhhhhhhhhhhhh! —gritaron los animales espectadores mientras observaban brazos y patas de conejo agitando en el aire.

Los conejos aterrizaron con estrépito, y aunque dos de ellos dieron unos cuantos saltos más, consiguieron mantenerse en su barco y continuar río abajo.

—¡Ohhhhhhhhhhhh! —llegaron los gritos y los aplausos desde la orilla. Luego gritaron «¡Ohhhhhhhhhhhhh!» porque el equipo Resplandezca Mezcla chocó por detrás contra el equipo Cohetes Conejo. Los dos barcos volcaron. De nuevo, los conejos volaron alto por el aire y esta vez aterrizaron en el agua helada; Uno *¡Plof!* Dos *¡Plof!* Tres *¡Plof!* Cuatro *¡Plof!* Cinco *¡Plof!*

—¡Ohhhhhhhhh! —Los espectadores señalaron el barco del equipo Resplandezca Mezcla. Había volcado, y el equipo había quedado atrapado debajo.

El equipo de castores, A Que No Me Pillas, navegó pasando a los conejos en el agua y al barco volcado. Al darse cuenta de que eran los últimos que quedaban en la carrera, gritaron «¡Yupi!». Sonriendo, navegaron río abajo y pasaron por debajo de la línea de llegada del puente.

Mientras, Médico Edmundo El Águila, su esposa y dos águilas más volaron para ver cómo se encontraba el Resplandezca Mezcla. Las águilas planeaban sobre el barco invertido, listas para bajar en picado, pero el Resplandezca Mezcla fue asomando, una a una, sus cabezas de debajo del barco.

¡Pop! La cabeza del ciervo salió del agua.

¡Pop! La cabeza del jabalí apareció.

¡Pop! El conejo emergió.

¡Pop! El águila sacó la cabeza del agua y voló por los aires.

Los animales en el río se dirigieron hacia el puente, donde una cuadrilla de jabalíes y ciervos los esperaba para sacarlos y llevarlos a la enfermería para una revisión.

Satisfechas de que todos estaban a salvo, las águilas médicas volaron de vuelta a sus ramas de observación.

—¡Carrera Número Dos! ¡Equipos cinco, seis, siete y ocho! ¡Colocaos! —gritó El Búho, dando vueltas alrededor del punto de salida.

Los equipos saltaron al agua turbulenta para alinearse.

Cuando El Búho gritó «¡En marcha!», se repitió el mismo desorden: barcos que iban demasiado deprisa y que se sumergían demasiado rápido, y animales que volaban por los aires.

Las Águilas Médicas volaron de nuevo para recoger a los heridos y llevarlos a la enfermería.

El equipo Testarudo Tejón ganó la carrera Número Dos, con un tiempo de un minuto y ocho segundos.

Cuando terminaron las carreras Tres y Cuatro, había

muchos competidores haciendo cola en la enfermería. Los conejos se frotaban las colas rasgadas, los jabalíes se acariciaban los hocicos magullados, las ranas se lamían la piel arañada y los ciervos se cuidaban de sus pezuñas dañadas. Por suerte, la mayoría de los animales llevaban cascos, así que no hubo heridas graves de cabeza.

—¡Carrera Número Cinco! —llamó El Búho volando en círculos—. ¡La última carrera!

—¡Nos toca! —dijo F-F-Foxy, con las orejas sobresaliendo del casco—. ¡Vamos! —Saltó al agua y los demás le siguieron.

—¡Buena suerte! —gritó Mishka a Magali.

El grupo se dirigió al otro lado del río, cerca de donde estaban las vacas. Zorrito jadeó cuando una de ellas le guiñó un ojo.

Enrique La Liebre se puso al frente del barco.

—*¡Soy un ganador, ganador, ganador!* —Miró al equipo de la derecha mientras cantaba. Eran el jabalí, el tejón, el ciervo y el erizo de la cascada.

El jabalí asintió a la liebre. Enrique La Liebre le hizo la señal del pulgar hacia abajo.

Magali sonrió y saludó.

—¿Cómo se llama tu equipo?

—¡Los Campeones del Río! —gritó el orgulloso jabalí.

Enrique La Liebre soltó una carcajada.

—¡Ja! ¿Los Campeones del Río? Por faaaaaaaavor!

—¡Buena suerte! —gritó Magali.

Los otros dos equipos, el equipo La Caldereta (una mezcla de comadrejas y jabalíes) y el equipo Los Robustos (un equipo de rebecos), se reunieron en el punto de partida.

Magali respiró profundamente. Tenían que batir el tiempo de un minuto y tres segundos del equipo A Que No Me Pillas. La marmota tomó otra gran inspiración y miró al cielo, deseando que El Búho se diera prisa.

—¿Listos? Uno. Dos. Tres. ¡En marcha! —anunció El Búho volando en círculos. Sus fuertes alas se batieron, enviando un chorro de aire.

Rebeco Luc gritó:

—¡A remar todos!

La marmota metió la tabla en el agua y remó, remó y remó.

—¡A la derecha!

El grupo se inclinó a la derecha y pasaron la primera roca.

—¡Remad todos!

Remar, remar, remar.

Los brazos de Magali quemaban, como si estuvieran ardiendo.

—¡Inclinaos a la izquierda! —gritó Rebeco Luc.

Se inclinaron y volvieron al centro del río.

—¡Hacia delante!

Se inclinaron hacia delante, lanzándose con el movimiento del agua, y consiguieron volver a erguirse, gracias al peso de Puppy Bébé por detrás. Los animales espectadores los animaron.

—¡Siiiiiiiiiiiiiiiiiiiiiiiiiiiiiiiiiiii!

—¡Excelente!

—¡Bravo!

—¡Muy bien, Los Colegas!

—¡Así se hace, Magali! —gritó Mishka, saltando. —¡Totalmente alucinante! ¡Totalmente extremo!

El equipo La Caldereta no se inclinó como había hecho el equipo Los Colegas. Salieron volando de su barco y cayeron al río.

—¡Mala suerte, chicos! —gritaron los espectadores.

Quedaban tres equipos: equipo Los Campeones del Río, equipo Los Robustos y equipo Los Colegas.

—¡Remad todos!

Rema, rema, rema.

Magali miró a su lado y vio al equipo Los Robustos acercándose a ellos.

¡Remad a la derecha! —gritó el rebeco.

F-F-Foxy y Zorrito metieron sus tablas en el agua y remaron con fuerza. Los zorros usaron todos sus músculos para empujar y consiguieron alejarse del Equipo Los Robustos. De repente, el Equipo Los Robustos chocó contra una roca en medio del río.

—¡Ohhhhhhhhh! —Los espectadores gritaban desde la ribera. El barco del equipo Los Robustos emitió un silbido.

Magali miró hacia atrás. El barco de Los Robustos se hundió en el fondo del río, con los rebecos todavía sentados en él.

—¡Inclinaos hacia adelante! ¡Remad todos! —gritó el rebeco.

El barco avanzó por el agua y Los Colegas alcanzaron al Equipo Los Campeones del Río.

Enrique La Liebre miró al jabalí y le hizo una señal del pulgar hacia abajo.

—¡Inclinaos hacia delante! ¡Delante! —gritó Rebeco Luc. Mishka iba montado en su espalda.

El grupo se inclinó, y el agua los tiró hacia la hondonada. Magali se agarró. Sintió que el barco intentaba volcar, pero Puppy Bébé se sentó en la parte de atrás, como un ancla. El barco del Equipo Los Campeones del Río también estaba a punto de volcar, y el ciervo salió volando de su barco y cayó al agua. Pero, el barco no volcó. El equipo Los Campeones del Río continuó río abajo sin su compañero ciervo.

Los Colegas se desplazaban al lado de ellos.

Magali veía el puente de madera acercarse. Se inclinó hacia delante, intentando que el barco fuera más rápido.

—¡No veo nada! ¡No veo nada! —gritó Enrique La Liebre con el agua cayéndole por toda la cara.

—¡Ya casi llegamos! —gritó F-F-Foxy.

—¡Remad todos!

Remad, remad, remad.

Magali veía un montón de animales alineados en el puente de madera. Sonrió, pensando en la meta. Los animales del puente los animaron.

—¡Vamos!

—¡Hurra!

—¡Casi terminado!

—¡Ya falta poco!

Los animales de la orilla también gritaron.

—¡Vamos, equipo Campeones!

—¡Vamos, Los Colegas!

—¡Los Campeones!

—¡Los Colegas!

—¡Los Campeones!

—¡Los Colegas!

—¡Oh Dios! ¡Esto va a estar reñido!

—¡Están codo con codo!

—¿Quién va a ganar?

—¡Los Campeones del Río!

—¡No, Los Colegas!

Los animales del puente dieron saltos de alegría. El Búho sobrevolaba, con sus ojos nocturnos de primera clase, observando la situación, esperando para declarar al ganador.

—¡Remad todos! —bramó la voz de Rebeco Luc.

Rema, rema, rema.

Magali empujó su tabla en el agua con todas sus fuerzas. Sentía que se le iban a caer los brazos y que su corazón iba a desfallecer en cualquier momento.

¡Zas! El barco chocó contra una roca bajo el agua y giró.

—¡Ohhhhhhhhhhhhhhhh! —gritaron los animales espectadores, llevándose las patas a la cabeza.

El barco de Magali dio un giro de 180 grados y de repente iban marcha atrás. El equipo Campeones del Río, a su lado, iba al mismo ritmo pero en la buena dirección.

El barco de Magali entró en una hondonada y Puppy Bébé ancló la parte trasera. Sin embargo, la mitad delantera del barco volcó hacia arriba. F-F-Foxy, Zorrito y Magali volaron alto por los aires.

—¡Ohhhhhh! —gritaron los espectadores. Señalaban y gritaban—. ¡Cuidado! ¡Vais a dar contra el puente!

Los espectadores del puente salieron corriendo

mientras los tres animales volaban directamente hacia ellos.

Los animales de la orilla se taparon los ojos con las patas, excepto Rebeco Luc y Mishka. Ellos miraban con la boca abierta.

Magali vio el puente acercarse mientras volaba.

—¡Iiiiiiiiiiiiiiiiiiiiiiiiiiiiiiiiiiiiiiii!

Las águilas médicas bajaron en picado de los árboles y... *¡Zip! ¡Zip! ¡Zip!* Atraparon a un animal, cada una con sus fuertes garras, justo antes de chocar contra el puente. Los pájaros se lanzaron hacia las estrellas.

Los animales de la orilla rompieron a aplaudir.

—¡Hurraaaaaaaa! ¡Hurra! ¡Héroes! ¡Héroes! ¡Héroes!

En el agua, el Equipo Campeones del Río navegó bajo el puente y la línea de meta. El jabalí se puso de pie en su barco y levantó su largo hocico en el aire.

Puppy Bébé también navegó bajo el puente, al mismo tiempo exactamente, pero marcha atrás, y con un barco vacío.

¿O es qué estaba vacío?

El cachorro se inclinó hacia delante. Miró por el lado del barco y meneó la cola cuando vio un brazo flaco agarrándose para salvar la vida.

—¡Brrrrrrupp - uppppp -uppppp! ¡Los perdedores! ¡Casi muertos, casi muertos! Brrrrrrupp - uppppp - uppppp! —rio una voz descarada desde lo alto.

Capítulo 10
Enemigos Y Héroes

Sshhhhhhhwiiiiiiiiiiiiiiiiisssshhhhhhsssshhhhh.

En la orilla del río, ciervos, conejos, erizos, comadrejas, jabalíes, y dos ciervos con enormes cuernos, se quedaron mirando a Los Colegas cuando salieron de la enfermería.

—¡Deberíais haberos visto! ¡Habéis volado por los aires! Estábamos totalmente seguros de que ibais a morir en el puente. ¡Vaya qué afortunados!

El jabalí de Los Campeones del Río se acercó pavoneándose.

—¿Tenéis ganas de morir o qué? Primero, la cascada, ¿y ahora esto?

Aunque estaba en estado de shock, Magali no olvidó

ser educada. Dijo:

—Enhorabuena.

Rebeco Luc se puso derecho y asintió con los cuernos.

—Felicidades, compañero.

Parpadeando, Puppy Bébé dijo:

—Enhorabuena, hermano.

F-F-Foxy, Zorrito y Enrique La Liebre estaban delante del jabalí.

El jabalí esperó, pero… nada.

El jabalí resopló y se dio la vuelta para alejarse.

—Felicidades, muchacho —soltó Zorrito.

El jabalí se detuvo.

—Sí. F-f-felicidades, tío —dijo F-F-Foxy en voz baja.

El jabalí miró a la liebre.

—Has tenido suerte —dijo Enrique La Liebre.

—No. *Vosotros* habéis tenido suerte. Por segunda vez —dijo el jabalí señalando hacia el río y el puente. Y se fue.

La pandilla se agrupó. Temblaban de frío, del shock

y de decepción.

Rebeco Luc miró a sus amigos y dijo:

—Vamos a ver lo que tenemos aquí. El pelaje de la barbilla de F-F-Foxy se ha vuelto gris. Los ojos de Zorrito son de color rojo sangre. Las patas de Puppy Bébé están vendadas. Enrique La Liebre tiene el brazo en cabestrillo. Y Magali… date la vuelta, Mademoiselle… —la marmota se dio la vuelta y Rebeco Luc hizo un gesto con la cabeza hacia su trasero— se le ha caído más pelaje por el shock.

Magali se tocó la parte calva del pompis. Era del tamaño de dos cerezas.

—¡Brrrrrrupp - uppppp -uppppp! —rio la voz de arriba.

—Y a Mishka —continuó Rebeco Luc señalando al conejo—, casi le da un infarto. Esta noche no ha ido exactamente como habíamos planeado, ¿verdad, camaradas?

Los Colegas miraron hacia el suelo y negaron con la cabeza.

El rebeco zapateó el suelo con la pezuña.

—Pero, ¡el año que viene ganaremos, caballeros y Mademoiselle!

A Enrique La Liebre se le iluminaron los ojos.

—¡Sí! ¡Empecemos a entrenar ahora mismo!

A F-F-Foxy también se le iluminaron los ojos.

—¡Mañana por la noche!

Puppy Bébé burbujeó:

—¡Me apunto!

Zorrito dio vueltas, tratando de agarrar su cola con la boca.

—¡Estoy de acuerdo!

Magali se frotó la calva de su culito.

—No puedo.

Todos se detuvieron y se quedaron mirándola.

—No puedo hacerlo —continuó Magali. Señaló el río—. Casi nos morimos. Dos veces.

—¿Y? —dijo la liebre.

—Mis padres ni siquiera saben que estoy aquí.

—¿Y? —dijo F-F-Foxy.

—¡Tengo una parte calva en mi culete! —A la marmota se le saltaron las lágrimas.

Los chicos recularon.

—Vale, colega, lo que sea —dijo la liebre—. Pero, bueno… deja de llorar.

Rebeco Luc dio un paso adelante.

—Voy a llevarte a ti y a Mishka a casa.

—Si cambias de opinión, puedes venir con nosotros al río cuando quieras —dijo F-F-Foxy acariciando el hombro de la marmota.

—Por la noche. Si no, ¡podríamos comerte! —dijo Zorrito, lamiéndose los labios..

F-F-Foxy le dio una patada. *¡Zas!*

Zorrito empujó a su hermano. F-F-Foxy aplastó la cabeza de Zorrito contra la tierra. El joven zorro gritó y saltó a la espalda de F-F-Foxy. Giraron en círculos. F-F-Foxy intentó quitar a su hermano de encima. Zorrito mordió la oreja de su hermano.

—¡Eh! —gritó Enrique La Liebre—. ¡Tiempo fuera!

Los zorros se detuvieron y sacudieron el pelaje. Sacudo, sacudo, sacudo.

Magali se despidió de sus amigos, dándoles besos. Las lágrimas cayeron por sus mejillas.

—No llores. Seguro que nos veremos pronto, Silbadora —dijo Enrique La Liebre.

—Mi calva se hizo más grande —gimoteó Magali.

La liebre dio unas palmaditas a su zona calva. Empujó a la marmota sobre la espalda del rebeco, donde ya estaba sentado Mishka.

Magali miró por última vez el maravilloso río antes de darse la vuelta y saludar a sus amigos.

—Adiós.

Los grandes ojos del Puppy Bébé se llenaron de lágrimas al ver resbalar las de Magali.

—No llores —burbujeó el cachorro.

Enrique La Liebre los despidió con una canción.

—*¡Eso fue impresionante, loco, alucinante, colegas!*

Rebeco Luc comenzó el viaje de vuelta a casa montaña arriba. Magali y Mishka se agarraron con fuerza porque él no iba en zigzag, sino en línea recta. Se inclinaron hacia delante, intentando no caerse hacia atrás mientras subían.

—¡At-chis! —Magali estornudó tan fuerte que su estornudo resonó en el silencio del bosque.

—¡At-chis! —llegó el eco.

—¡At-chis! —llegó el siguiente eco.

—¡At-chis! —llegó el siguiente siguiente eco.

—¡At-chis! —llegó el siguiente siguiente siguiente eco.

—¡Salud! —dijo Mishka, agarrándose detrás de ella.

De repente, las fuertes pezuñas de Rebeco Luc se clavaron firmemente en el suelo del bosque, deteniéndolos.

—¡Ohhhhhhh! —Magali se agarró, con cuidado de no salir volando.

—¡Ohhhhhhhhh! —Mishka también se agarró firmemente.

Al sentir que los músculos del cuerpo de Rebeco Luc se tensaban, Magali susurró:

—¿Qué pasa?

Unos gruñidos graves llegaron desde el suelo del bosque.

—*Grrrrrraaaaaaaaaaaaaaaaaaaaaaarrrrrrrrrrrrhhhh.*

Rebeco Luc reculó. Magali vio la parte blanca de los ojos aterrorizados del rebeco.

Más gruñidos vinieron de atrás.

—*Grrrrrraaaaaaaaaaaaaaaaaaaaaaarrrrrrrrrrrrhhhh.*

Rebeco Luc se dio la vuelta, listo para saltar, pero más gruñidos vinieron de allí.

—Grrrrrraaaaaaaaaaaaaaaaaaaaarrrrrrrrrrrbhhh.

Seis zorros salieron de la oscuridad y empezaron a rodear al rebeco. Agachados, no perdían de vista el cuerpo carnoso de Rebeco Luc. Sus dientes afilados brillaban en la oscuridad.

—¿Y las reglas nocturnas? —susurró Magali.

—Sólo en el deporte. Ya lo sabes —susurró Mishka. Cerró los ojos y rezó—. Por favor, Abuelo Klaas. Si puedes oírme, ayúdanos. No dejes que nos coman.

—Grrrrrraaaaaaaaaaaaaaaaaaaaarrrrrrrrrrrbhhh.

El zorro más grande se lanzó. Los otros ladraron como locos.

Rebeco Luc utilizó toda su fuerza para saltar por encima de los zorros, pero uno de ellos le mordió la pezuña, haciéndole tropezar. Magali y Mishka se agarraron fuertemente, y el rebeco recuperó el equilibrio. Se quitó de una patada al zorro que le mordía y saltó por encima de los otros. Salió corriendo como un cohete entre los árboles, con una sonrisa en su cara de rayas negras.

Siguió corriendo todo recto. Los seis zorros le persiguieron, ladrando.

Rebeco Luc corrió hacia el borde del precipicio y gritó:

—¡Agarraos!

Soltó al vacío.

—Ohhhhhhhhhh! —gritaron la marmota y el conejo, usando todos sus músculos para agarrarse.

El trío voló por los aires.

Rebeco Luc aterrizó en la pared del precipicio. Sus fuertes pezuñas se clavaron en la roca con la misma facilidad y naturalidad que si hubiera aterrizado sobre arena.

La marmota y el conejo se agarraron al rebeco. El sudor les corría por la cara. Magali miró hacia abajo y casi se desmaya al ver el gran vacío. Cerró los ojos.

El rebeco se movió a través de la pared vertical de la montaña.

Mishka también había cerrado los ojos. Él susurró:

—Creo que me va a dar un segundo infarto. ¿Cuántos infartos se pueden tener en una noche?

Rebeco Luc se detuvo un momento y miró hacia el borde del precipicio. Los seis zorros le miraban desde arriba, sin atreverse a saltar.

—¡Ja, ja! ¡Mala suerte, caballeros! —gritó el rebeco, mientras iba por la pared vertical del acantilado.

—¡Mis brazos! ¡No sé cuánto tiempo más podré aguantar! —gritó Magali.

—*¡Fiiiiiiiiiiiiiiiii!*

Cuatro águilas médicas planeaban por el aire. En sus garras llevaban una alfombra hecha de corteza, ramitas y cordeles.

Las águilas se colocaron debajo de Rebeco Luc, extendiendo la alfombra.

—¡Saltad! —gritó Médico Edmundo el Águila.

A Magali le ardían los brazos. Se soltó y cayó de espaldas en el aire.

—¡Ahhhhhhhhhh!

Los pájaros movieron la alfombra bajo ella. *¡Pluf!* Aterrizó.

—¡Salta! —gritó el águila a Mishka.

El conejo miró a los zorros en la cima del precipicio y luego hacia al gran vacío. Cerró los ojos y se soltó.

—¡Ahhhhhhhhhhhhhh!

¡Pluf! Aterrizó en la alfombra junto a Magali.

Las águilas levantaron a la marmota y al conejo, y volaron hacia la cara de Rebeco Luc.

—¡Gracias, Rebeco Luc! —Magali saludó a su amigo.

—Gracias. ¡Eres un verdadero amigo! —gritó Mishka.

Rebeco Luc asintió.

—¡De nada, compañeros!

Médico Edmundo El Águila saludó con la cabeza al rebeco.

—¡Buen trabajo!

El rebeco inclinó la cabeza.

—Y tú también. ¡Nos vemos en invierno, compatriota!

—¡En el equipo de rescate! —respondió el águila.

Rebeco Luc se alejó saltando por el acantilado, lejos de los zorros. Sin sus dos amigos a la espalda, se movía tan fácilmente como una pluma.

Las cuatro águilas batieron sus alas al mismo tiempo, volando tranquilamente sobre la montaña y los altos pinos del bosque.

Mishka juntó las patas, agachó la cabeza, y susurró:

—Gracias, Abuelo Klaas. Te quiero.

Magali también suspiró con alivio. Se sacudió los

brazos doloridos. Respiró hondo y miró a los cientos de estrellas y luego a las águilas. Sus magníficos y fuertes cuerpos volaban con facilidad en la noche. Sus fuertes garras se agarraban a las esquinas de la alfombra del bosque. La pequeña marmota se sintió segura al saber que no las dejarían caer, ni a ella ni a Mishka.

—¿Cómo lo sabías? —gritó Magali a las águilas—. ¿Cómo supisteis que estábamos en un lío?

—¡Recibimos una alerta! —Médico Edmundo El Águila señaló con la cabeza hacia las copas de los árboles.

En la rama más alta de la copa había un joven búho. Tenía unas cejas negras muy espesas que se movían arriba y abajo mientras reía. Saludó a Magali.

—¡Brrrrrrrrrrrrrrrrr ruppp ruup rupp!

Magali se quedó sin aliento.

—¡Tú!

La marmota jadeó de nuevo.

—¡Y tú!

Al lado del búho de las cejas negras, había otro búho joven y voluminoso, con unos ojos tan grandes como la luna.

—¡Je je je! ¡Ja ja ja! —rio el hermano búho, saludando con el ala.

Magali sacudió la cabeza.

—¡Ja, ja! ¡Muchísimas gracias! ¡Mil gracias! —Siguió saludando a los traviesos búhos hasta que las águilas volaron tan lejos que desaparecieron de su vista.

—¡Aaaaaaaaaaaaaah! —Respirando el aire fresco de los pinos, la pequeña marmota miró a su alrededor, a los bosques, a los lagos y a las montañas.

Unos minutos después, sintió que las águilas empezaban a volar hacia abajo. Sonrió por última vez a los millones de estrellas del cielo. Levantó la pata intentando atrapar una.

Mishka también lo intentó, y las patas de los amiguitos chocaron.

—¡Ja, ja, ja!

Sonriendo, la marmota volvió la vista montaña abajo. Buscó el río a pesar de que estaba tan lejos. Intentó ver el lugar donde había conocido a nuevos amigos, donde se había arremolinado en agua helada, donde se había girado, desplazado, y lanzado por los aires. Suspiró sabiendo que no volvería. Lo sentía en su corazón. Y en su culito.

Magali saludó y gritó:

—¡Adiós, Rafting! ¡Hasta luego, colegas!

Hola

Espero que te haya gustado el libro y las ilustraciones. ¿Sabes qué? Yo misma dibujé las ilustraciones. ¡Y tú también puedes hacerlo! Echa un vistazo a estas páginas web:

Articco Drawing, Draw so Cute, Genevieve's Design Studio, 365 Sketches, Drawing Tutorials 101, Calvin Innes, Easy Pictures To Draw, Art For Kids Club, 5 Drawing Art, HT Draw, Drawing Tutorials 101, Harriet Muller, Color Drawing Book, PiKasso Draw, How To Draw, KidArtX, Limo Sketch, How To..., Channel, GuuhMult, Art For Kids Hub, Yo Kidz, We Draw Animals, DrawStuffRealEasy, DrawIn Geek, Azz Easy Drawing, Cam Plapp, howtodrawa, how2drawanimals, Katrina Doodles, Happy Drawings.

Hemos llegado al final. Si te apetece dejar una reseña, sería estupendo (a los autores nos encantan las reseñas). ¡Gracias!

¡Brrrrrrrrrrrrrrrrrr ruppp ruup rupp!

Mil saludos y mejores deseos.

Muddy

Facebook y página web: Muddy Frank Books

French Marmot Dude Series (versión inglesa)

Dude's Gotta Snowboard
Dude's Gotta River Raft
Dude's Gotta Mountain Bike
Dude's Gotta Paraglide
Dude's Gotta Bobsleigh
Dude's Gotta Rock Climb
Dude's Gotta Paintball
Dude's Gotta Wakeboard

Magali Marmotte Série (versión francesa)

Help ! Suis Accro Au Snow
Help ! Suis Accro Au Raft
Help ! Suis Accro Au VTT
Help ! Suis Accro Au Parapente
Help ! Suis Accro Au Bobsleigh
Help ! Suis Accro À L'Escalade
Help ! Suis Accro Au Paintball
Help ! Suis Accro Au Wakeboard

Magali Marmotte Série Version Bilingue (English français)

Magali Marmota Serie Versión Bilingüe (English español)

Para niños de 4 a 8 años, los <u>libros de colorear</u> (Magali Marmota) de la misma serie. Disponible en versiones bilingües.